Einführung in die Methoden nach der Lehre von Grigori Grabovoi

Teil 2

„Allgemeine Rettung und harmonische Entwicklung"

Svetlana Smirnova

Jelezky Publishing, Hamburg

Jelezky Publishing

www.jelezky-publishing.com

2. Auflage

Deutsche Erstausgabe, Januar 2014

© 2014 der deutschsprachigen Ausgabe

Jelezky Publishing UG, Hamburg

Sergey Eletskiy

www.svet-centre.com

Cover: Sergey Jelezky

www.jelezky.com

Weitere Informationen zu den Inhalten:

SVET Zentrum, Hamburg

www.svet-centre.eu

Herstellung und Verlag:
BoD-Books on Demand, Norderstedt
ISBN: 978-3-7357-9100-9

Haftungsauschluß

Die hier zuvor gegebenen Informationen dienen der Information über Methoden zur Selbsthilfe, die auch für andere Menschen anwendbar sind. Die Methoden haben sich seit vielen Jahren bewährt, doch eine Erfolgsgarantie kann nicht übernommen werden. Die vorgestellten Methoden von Grigori Grabovoi sind mentale Methoden der Ereignissteuerung. Sie basieren auf der individuellen geistigen Entwicklung.
Jeder, der diese Methoden für sich oder andere anwendet oder auch weitergibt, handelt in eigener Verantwortung.

Die Nutzung des hier vorgestellten Inhaltes ersetzt nicht den Arztbesuch und das ärztliche Tun in Form von Diagnose, Therapie und Verschreibungen. Auch die Absetzung verschriebener Medikamente darf aus dem Inhalt dieser Schrift nicht abgeleitet werden.

Wir möchten ausdrücklich darauf hinweisen, daß diese Steuerungen keine „Behandlung" im konventionellen Sinne darstellen und daher die Behandlung durch Ärzte nicht einschränken oder ersetzen sollen.

Im Zweifelsfall folgen Sie also den Anweisungen Ihres behandelnden Arztes, oder eines sonstigen Mediziners, oder Apothekers Ihres Vertrauens!
(Und erzielen dementsprechend die konventionellen Ergebnisse.)

Jelezky Publishing UG

Inhaltsverzeichnis

1) Einleitung 6

2) Generelle Einführung in die Materie 8

3) Steuerung durch Konzentration und „richtiges" Denken 16

4) Wie die Zahlenreihen wirken 18

5) Konzentrationsübungen in Zeitintervallen innerhalb einer Stunde 19

6) Konzentration mit dem aktuellen Monatstag für die Steuerung der bevorstehenden Ereignisse 28

7) Vereinigung mehrerer Diagnosen zu einer persönlichen Zahlenreihe und Zahl 30

8) Arbeit mit Vergangenheit 31

9) Der Faktor der Zukunft 33

10) Methoden direkter verbaler Formulierung zur Steuerung 36

a) Steuerung mit vier Sphären 36

b) Einbringen positiver Information/Energie in den Organismus (mit Ring und Sphäre) 38

c) Ausleiten negativer Information/Energie aus dem Organismus (mit Ring) 40

d) Steuerung mithilfe einer horizontalen Welle 42

e) Steuerung mithilfe eines Lichtfensters 43

11) Steuerungsmethoden mithilfe geometrischer Formen: 44

a) Mit einem Konus und zwei Sphären 44

b) Wahrnehmung von Formen (Sphären und Kubus) 46

12) Harmonisierung von Ereignissen (bipolare Signale) 48

13) Mentale Wiederherstellung von Organen durch Konzentration auf die Schilddrüse 50

14) Ausleitung von Krebsinformation durch „Himmelsperspektive" 51

15) Verjüngungsmethode mit Impuls-Übertragung 53

16) Steuerung der Verkehrssicherheit 56

17) Steuerung von aggressiven Situationen mit Zahlenreihen 59

18) Steuerung sportlicher Leistungen mit Zahlenreihen 60

19) Grigori Grabovoi: „Drei Prinzipien einer neuen Medizin" 65

20) Literaturverzeichnis 67

1) Vorwort

Liebe Leser,

vor etwas mehr als zwei Jahren brachten wir unsere erste Broschüre, „Einführung in die Methoden nach der Lehre von Grigori Grabovoi", heraus. Damals wusste ich allerdings noch nicht, dass es einen zweiten Teil geben würde. Wir wollten eine allgemeine Ergänzung zu der direkt von Grigori Grabovoi geschriebenen Literatur bieten da wir immer wieder von vielen Seminarbesuchern hören: „Ja, jetzt nachdem ich das Seminar bei Ihnen besucht habe, habe ich endlich verstanden was Grabovoi meint...", oder so ähnlich.

Die Literatur von Grabovoi ist nicht für jeden auf Anhieb einfach zu verstehen, was auch an der Komplexität der Materie selbst liegt. Mittlerweile haben wir also so viele Anfragen nach weiteren Erklärungen zu den vielen vorgestellten Methoden bekommen dass wir nun einen zweiten Band fertiggestellt haben der den ersten nicht ersetzen sondern ergänzen soll. Diesen halten Sie in Ihren Händen und für den, der sich bereits intensiv mit dem ersten Teil beschäftigt hat, wird es eventuell systematisch vertrautes, aber inhaltlich dennoch neues zum Thema geben.

Was uns besonders freut ist die Tatsache dass sich immer mehr Menschen entschließen, ihr Leben auch - oder gerade - auf dem Gebiet der persönlichen Gesundheit in „die eigenen Hände" zu nehmen und sich unabhängig oder unabhängiger von der „Diagnose", dem Urteil eines anderen Menschen zu machen und damit zum Teil beachtliche Erfolge in der Selbstheilung oder – idealer weise – in der Prävention verschiedenster Krankheiten erzielen! Diese Entwicklung trägt auch und insbesondere zum Erfolg der Methoden auf stetig breiter werdender Basis bei, denn die Erfolge des Ein-

6

zelnen fließen sowieso als Information in das dem „Kollektiv" – unbewusst – vorliegende Informationsfeld ein. Und so erleben wir zusätzlich gerade eine erfreuliche Welle von Erfolgen bei Menschen, die zunächst skeptisch in der Anwendung der Methoden und Technologien waren.

Darüber hinaus identifizieren sich immer mehr Menschen mit dem Grabovoi- Grundgedanken der „Allgemeinen Rettung und harmonischen Entwicklung..." und lassen diesen in ihr Leben, in die „Qualität ihrer Gedanken" einfließen. Auch diese Tatsache führt zu einem von vorne herein erfüllten und bewusst positiv gelebten, das große Ganze berücksichtigenden Leben und somit zu Harmonie, Gesundheit und mehr Frieden. An dieser Entwicklung haben auch die weiteren SVET-Dozenten und Anwender – und nicht zuletzt Sie mitgewirkt. Dafür möchten wir uns an dieser Stelle einmal herzlich bedanken!

Wir wünschen Ihnen dazu alles erdenklich Gute auf Ihrem persönlichen Weg.

Herzlichst!

Svetlana Smirnova

Im Dezember 2013

2) Generelle Einführung in die Materie

Alles ist im ständigen Wandel. Wir befinden uns immer mitten drin – in einer neuen Wahrnehmung, in einem neuen Bewusstsein im Rahmen einer sich intelligent entwickelnden internationalen Gesellschaft. Ich möchte mit diesem Werk wieder für die progressiv denkenden und handelnden Menschen überall auf der Welt etwas zum Thema „kreiere Deine Realität!" - unter dem besonderen Aspekt individueller und kollektiver Gesundheit - beitragen.

Grigori Grabovoi hat mit seinen Methoden sowohl mein Leben als auch das Leben vieler anderer Menschen faszinierend und positiv verändert, beziehungsweise sogar zu Lebenserhalt und nachhaltiger Genesung beigetragen. Wer ist dieser Mann?

Meine Kenntnis von Grigori Grabovoi und seinen Methoden begann Ende der Neunziger Jahre als ich das erste Buch über ihn las und zwar vom russischen Journalisten Vladimir Sudakov, mit dem bezeichnenden Titel „Retter". Diese Information hat sofort meine Seele berührt! Ich besorgte mir mehr Literatur von Grabovoi und seinen Vorlesungen, stieg tiefer in die Materie ein und fand meine Ahnung bestätigt: Grigori Grabovoi sieht Krankheiten von einer anderen, „höheren" Position, mit anderen Augen als die meisten konventionellen Ärzte. Allerdings sind seine Informationen nicht immer ganz einfach zu verstehen und ich habe mir oft die Frage gestellt, ob meine Ausbildung überhaupt hilfreich ist, seine Lehre zu begreifen. Aber die positiven Ergebnisse der Korrektur zur Gesundung von Menschen stimulieren mich bis heute zum tieferen Erlernen und Verständnis dieser Wissenschaft!

8

Als ich selbst anfing praktisch mit diesen Methoden zu arbeiten, probierte ich als erstes die Methoden an mir, meinem Partner oder meinen Kindern, bei kleineren Angelegenheiten wie Hautwarzen, Kopf- oder Magenschmerzen et cetera aus. Anschließend weitete ich die Arbeit auf einen ausgewählten Kreis meiner Bekannten und Klienten aus. Sie waren – über Mundpropaganda oder nach gezielter Suche – mit gesundheitlichen Problemen bei mir „gelandet". Egal welche Methode ich ausprobierte, sie waren alle erfolgreich. Nicht alle Methoden bei allen Menschen, aber alle erfolgreich!

Je nach persönlicher Wahrnehmung waren die Menschen und Methoden füreinander geschaffen – oder nicht, da alle Menschen eine unterschiedliche Wahrnehmung der Welt haben. Soziale Bedingungen, Umgebung, Beziehungen, alles hat eine Auswirkung auf die Entwicklung des Menschen, aber nichts davon hat eine primäre Bedeutung. Wahre Kenntnisse befinden sich nur in der Tiefe der Seele einer jeden einzelnen Persönlichkeit und genau sie bestimmen die Wahrnehmung der Welt. Interessant auch für mich in diesem Zusammenhang, dass fast alle Methoden sich zur Fern-Heilbegleitung anboten und dabei genauso wirksam waren. So konnte ich die erlernten Methoden und Techniken bereits nach kurzer Zeit hilfreich auf einen größeren Kreis ausweiten. Durch den Erfolg meiner Arbeit mit den Grabovoi-Technologien wurden immer mehr Kollegen und praktizierende, deutschsprachige Heilbegleiter auf die Materie aufmerksam und die ersten Anfragen, das Wissen in Seminaren weiterzugeben kamen, so ließ ich mich zu meinem ersten Seminar überreden.

Die Lehre von Grigori Grabovoi entstand in den neunziger Jahren in Russland unter dem Oberbegriff *„Allgemeine Rettung und harmonische Entwicklung der inneren und äußeren Welt und Vorbeugung vor einer mögli-*

9

chen globalen Katastrophe". Grabovoi sagt dazu: *„Alles, was ringsumher existiert - Erde, Sonne, Sterne, Himmel, das ganze Universum - ist auf einer Struktur des Bewusstseins aufgebaut, inklusive des Bewusstseins des Schöpfers. Daher können wir, wenn wir Geist und Bewusstsein entsprechend nutzen, Menschen wieder beleben, Räume schaffen und die Welt – wieder - aufbauen. Wir können jede beliebige schöpferische Handlung vornehmen!"*

Das Bewusstsein des Menschen wird von Grigori Grabovoi dabei als ein zentrales Element des Universums betrachtet, in dem alle Elemente zusammenwirken. So zieht die Veränderung des Bewusstseins des Menschen als aktivster schöpferischer Kraft unter den Lebewesen die Veränderung aller anderen involvierten Elemente mit sich. Entscheidenden Einfluss auf den uns alle umgebenden Lebensraum hat also das kollektive Bewusstsein aller Objekte, vor allem aber das kollektive Bewusstsein der Menschen!

Wenn wir also in das kollektive Bewusstsein der Menschen ein Empfinden für die gelebte Situation und zur Rettung und harmonischen Entwicklung der Welt einbringen, über Unsterblichkeit im physischen Körper und über glückliches Leben in Harmonie, so wird sich diese Situation ebenso entwickeln!

Jeder kann dabei die Lehre von Grabovoi sofort praktisch anwenden. Die erhaltene Information der „allgemeinen Rettung und harmonischen Entwicklung..." wird vom Menschen - bewusst oder unbewusst - auf alle anderen äußeren Elemente der Realität übertragen.

Praktisch sieht das zum Beispiel so aus: Ein Mensch, der die Information

10

der Lehre bereits erhalten hat, kommt an einem Baum vorbei und kann diesen Baum aktiv mit den Methoden beeinflussen. Der Baum wird besser weiterwachsen oder seine Gesundheit wiederhergestellt werden. Das bedeutet, es formiert sich eine neue Realität, die vom Menschen aktiv geschaffen wurde, denn das verwendete Prinzip der „Makro-Steuerung", der Steuerung für das kollektive Wohlergehen, gibt uns die Möglichkeit der Steuerung der Zukunft.

Wenn die persönliche Aufgabe und die individuelle **Qualität der Gedanken** dem Ziel des Schöpfers entspricht, wird sie „automatisch" im Rahmen der globalen, Makro-Aufgabe und Steuerung mit gelöst. Das bedeutet zugleich, dass nur jene Ziele realisiert werden können, die dieser geistigen Aufgabe im noosphärischen Sinne der Einheit von Mensch und Schöpfung entsprechen. Niedere Ziele also, zum Beispiel die konkrete Zerstörung eines Subjekts oder betrügerische, „hinterhältige", Absichten und Handlungen, werden demnach niemals nachhaltig realisiert, da sie nicht der „Vision", der Aufgabe des Schöpfers entsprechen! Ein wichtiger Vorzug der Lehre von Grabovoi ist dann eben auch ihre Realisierbarkeit zu irdischen Bedingungen, die auch mich sofort angesprochen hatte. Grabovoi hat nicht nur Thesen entwickelt, sondern auch praktisch geprüft und so die erfolgreiche Realisierung verschiedener wichtiger Herausforderungen erreicht. Zum Beispiel die erfolgreiche Heilungsbegleitung von AIDS und Krebs im fortgeschrittenen Stadium, das „Zurückholen" („Wiederauferwecken") vermeintlich vergangener Menschen, die Prozessdiagnostik von Erscheinungen und Objekten verschiedener Komplexitätsebenen, bis zur Minderung oder Vermeidung von (Natur-) Katastrophen.

Grabovoi verwendet in seiner Lehre bewusst Begriffe wie „der Schöpfer"

11

(Gott), „Liebe", „Bewusstsein", „Seele" und „Geist", denn alle diese Theorien, Gleichungen und Situationen sowie alle Methoden und Technologien der Kommunikation des Menschen mit Gott, dem Schöpfer, im Laufe der erfolgreichen Aufgabenbewältigung der Rettung und harmonischen Entwicklung, basieren auf dem Grundprinzip, dass das Universum eine Grundlage hat: die „Norm der Schöpfung"!

Und so ist die Überzeugung Grabovois – und natürlich auch meine Überzeugung – dass die Rettung der Erdzivilisation vor möglichen globalen Katastrophen und eine harmonische Entwicklung eben dieser Zivilisation im Einklang mit allen anderen beteiligten Objekten im Raum-/Zeit-Kontinuum nur im Rahmen einer Entwicklung des kollektiven Bewusstseins der auf der Erde lebenden Menschen, zu anderem, höherem Niveau verwirklicht werden wird. Eine Alternative dazu existiert nicht!

Alle Methoden und Technologien von Grigori Grabovoi haben grundsätzlich diesen humanistischen Ansatz und sind auf die Entwicklung der Gesamtgesellschaft ausgerichtet. Dementsprechend entwickeln wir unser Bewusstsein so, dass es einen Einfluss auf alle Ereignisse der Gesellschaft – mit dem Ziel „allgemeine Rettung und harmonische Entwicklung..." - hat.

„Steuerung" bedeutet ein Leben, in dem wir unsere Realität steuern und uns damit genau in der entsprechenden Realität befinden, die wir selbst erschaffen haben. Steuerung hilft uns, neue Informationen zu schaffen und nicht nur, vorhandene Information zu korrigieren. Das aktuelle Leben wird dabei von Grigori Grabovoi als Element der Ewigkeit betrachtet. Die Entwicklung von Seele und Geist ermöglicht uns ewige, harmonische Entwicklung und unterstützt uns zugleich dabei, unsere aktuellen Aufgaben erfolgreich zu lösen. Diese Lehre – und das ist wichtig - geht auch davon aus, dass die Schöpfung (Gott) in beliebigem Glauben und in beliebiger Kultur überall einheitlich existiert. Es ist also keinesfalls eine neue Religion, sondern ausschließlich das Wissen um die Schöpfung selbst, das von Grigori Grabovoi wiederbelebt wird.

Die Methoden zeigen bei genauerer Betrachtung auch kein Geheimnis, keine Esoterik oder Okkultismus. Alles liegt an und in uns selbst und jeder kann dieses Wissen nutzen. Man muss es nur schöpferisch, im Sinne allgemeiner Rettung und harmonischer Entwicklung benutzen. Denn alles im Universum stellt Objekte der Informationen dar und schon die Welt alleine ist ein sehr kompliziertes informatives System. Da alle Objekte in der Welt untereinander durch informative Beziehungen verbunden sind, kann man das System insgesamt verändern wenn man eine beliebige Verbindung im Wesentlichen ändert. Dazu hat Grabovoi Steuersysteme für jedermann entwickelt, deren Wesen in der Einwirkung auf dieses informative System des Menschen - über das Bewusstsein und die Wahrnehmung - besteht.

Die Lehre Grigori Grabovois in Bezug auf Heilungsmethoden stellt folgendes fest: der Mensch ist ein informatives Objekt, „Krankheit" ist ein informatives Objekt und jede beliebige Situation ist eine Gesamtheit der informativen Objekte und ihrer Beziehungen ringsumher. Der Mensch mit seinem Geist und seinem Denkvermögen, das fähig ist alles zu erschaffen, kann also beliebige informative Objekte schaffen, sie mit den nötigen Qualitäten und Eigenschaften füllen und durch sie mit dem äußeren informativen Feld zusammenwirken: sie steuern! Dabei ist es allerdings wichtig festzustellen, dass eine bestimmte – mehr oder weniger bewusste - Steuerung von Informationen sowieso ständig von uns ausgeführt wird. Eben

13

diese Steuerung rettet uns vor Katastrophen und Kataklysmen, also alles zerstörenden Katastrophen.

Da der Mensch mit seiner inneren Realität und durch seine geistigen Strukturen in ständiger, direkter Beziehung und Wechselwirkung zur gesamten äußeren Realität steht und gleichfalls direkt und untrennbar mit ihr verbunden ist, verursacht er durch sein Denken, Fühlen und Handeln als Wirkung eine Veränderung eben dieser Realität. Eine Veränderung in der äußeren Realität führt aber auch gleichzeitig zu einer Veränderung der inneren Realität des Menschen.

Wenn der Mensch sich selbst wieder herstellt, das heißt sich in innere Harmonie und in „göttliche Norm" bringt, so stellt er gleichzeitig auch seine Umwelt wieder her und bringt diese in Harmonie mit ihm und sich selbst – und umgekehrt. Der Mensch hat somit eine einzigartige Möglichkeit mit Hilfe seines Bewusstseins die Welt zu verändern und eine beliebige negative (aus der „Norm" geratene) Information in eine positive (normgerechte) umzuwandeln. Jeder Mensch kann dieses Wissen verwenden und entsprechende Ergebnisse erzielen, denn der menschliche Körper ist eine manifestierte Struktur, die sich aus einer, durch die Schöpfung vorherbestimmte Informationsstruktur, einer Ur-Matrix, entwickelt hat! Selbst eine Regeneration kranker oder entnommener Organe ist möglich, weil die Information über das gesunde Organ in einem informativen Feld für immer im Organismus gespeichert bleibt.

Die Lehre beinhaltet verschiedene Methoden der Steuerung, zum Beispiel mit geometrischen Formen, durch Konzentration auf Zahlenreihen, Nutzung von Farben, Schallwellen oder Wörtern. Zahlenkombinationen zum

14

Beispiel sind bei Grabovoi ein wichtiger Faktor der mentalen Steuerung. Er erhält im Rahmen seiner Arbeit als Heilbegleiter eine Vielzahl von Zahlenkombinationen per Eingebung. Jede Grabovoi-Zahlenkombination repräsentiert eine universell harmonische Schwingung. Gleichzeitig wirken sie unterstützend bei der Strukturierung des Bewusstseins zur Steuerung der Ereignisse. Deshalb trägt die Arbeit mit Zahlen zugleich auch zur Entwicklung unseres Geistes bei. In der Konzentration im Zusammenhang mit Heilung sollen Sie sich gleichzeitig bewusst selbst begreifen, den eigenen Organismus empfinden und ihn innerlich absolut gesund sehen. Ein ganzes Buch davon, in Russland, und mittlerweile auch im westlichen Sprachraum, die „Zahlenapotheke" genannt, gibt es unter dem Titel „Wiederherstellung des menschlichen Organismus durch Konzentration auf Zahlen".

Es ist immer wieder erstaunlich für mich, wie schnell und weitreichend Menschen teils in allen Lebensbereichen Erfolge mit der Konzentration auf Zahlenkombinationen erzielen!

Die Konzentration auf Zahlen ist ein universelles System der Steuerung, welches sich unabhängig von der Persönlichkeit eines Menschen entwickelt. Das bedeutet, diese Information hängt weder vom Alter oder der individuellen Situation oder Ereignisse ab. Wir nehmen so die Struktur der Diagnose aus dem kollektiven Bewusstsein heraus.

Diese Herausnahme der Struktur der Diagnose geschieht technologisch mithilfe von Konzentrationen und auch, wenn wir mehrere Male das System in einem Punkt aktivieren. Das ganze geschieht so, dass die Norm den Mittelwert darstellt und der konkrete Organismus entsprechend diesen Normwert übernimmt. Der Mensch wird gesund!

15

Entscheidend ist bei Grabovoi aber auch die doktrinlose Form der Lehre: Sie arbeiten nach eigener Intuition, nach eigenem Rhythmus und eigener Intensität. Es gibt keine Vorschriften, nur Handlungsempfehlungen und grundsätzliche Zielsetzungen. Es geht um reine Hilfe zur Selbsthilfe, zur Erlangung eines anderen Selbstbewusstseins und des verbundenen Wiederbelebens der Selbstheilungskräfte! Die ausgegebene Devise ist: Zielkonzentration, Intuition folgen, Routine entwickeln, Resultate erzielen! Manche Methoden mögen uns zunächst banal erscheinen, zu banal um effektiv zu sein. Aber, Natur und Universum sind ganz einfach aufgebaut und strukturiert. Man muss diese Strukturen nur erkennen lernen, um sie erfolgreich zu nutzen und um entsprechende Ergebnisse zu erzielen. Extrem wichtig sind allerdings unsere positive, lebensbejahende innere Einstellung und unser Respekt vor den universellen Gesetzen, der Glaube an die „Weisheit" und Perfektion der Schöpfung. Wir nennen das, wie gesagt, auch die „Qualität der Gedanken"! Sehr hilfreich ist dabei eine zielgerichtete Konzentrationsfähigkeit, die wir allerdings trainieren und entwickeln können. Auch dazu hat Grigori Grabovoi uns mit der Broschüre „Konzentrationsübungen für 31 Tage eines Monats" ein gutes Mittel gegeben.

3) Steuerung durch Konzentration und „richtiges" Denken

Die Lehre von Grigori Grabovoi beinhaltet die Technologie der Nutzung verschiedener Elemente der Steuerung: Seele, Geist, Bewusstsein, der physische Körper, und so weiter. Die Lehre von Grigori Grabovoi begreifend, kann jeder Mensch der Herr seines Schicksals werden. Das gilt auch für die Wiederherstellung der eigenen Gesundheit, indem wir zulassen das eigene Bewusstsein zu erweitern und gleichfalls lernen, die uns umgebende

Realität zu steuern. Dabei möchte ich nochmals klarstellen, dass die Bewusstseinsmethoden von Grigori Grabovoi Methoden der (zielorientierten) Konzentration sind und nicht Meditationen. Der Unterschied besteht im Folgenden: bei bestimmten Meditation ist es erforderlich, den Prozess des Denkens abzuschalten und zu versuchen sich im umgebenden Raum aufzulösen und mit ihm zu verschmelzen – „nur" zu beobachten. Die Konzentrationen nach Grigori Grabovoi implizieren gerade das Vorhandensein von Denkprozessen während der Konzentrationen, aber nur des richtigen Denkens („Qualität der Gedanken") und durch dieses Denken, durch die Konzentration auf die Aufgabe an der Sie arbeiten, wird eben das Ziel der Steuerung erreicht.

Die integrierte Fokussierung auf das allgemeine Wohl während der Arbeit an den individuellen Aufgaben beschleunigt den Prozess der Erzielung von Ergebnissen. Das richtige Denken bedeutet in jeder unserer Handlungen, in jeder Situation, die grenzenlose Liebe Gottes für uns zu sehen. Erinnern Sie sich! Alles was passiert, geschieht zum Besten. Wenn wir beginnen zu verstehen dass alle Ereignisse im Leben zu einem bestimmten Ziel geschehen - wobei es im globalen Maßstab nur ein einziges Ziel gibt: unsere ewige Entwicklung - so werden wir verstehen dass alles immer zu unserem Besten geschieht, da in jeder unserer Handlungen auch die Handlung des Schöpfers ist. Und die Handlung Gottes, des Schöpfers, ist seine Liebe die persönlich auf jeden und auf alles gerichtet ist.

Die Anwesenheit der Liebe Gottes in jedem Ereignis erlaubt maximal, die möglichen negativen Folgen unserer nicht schöpferischen Handlungen (negative Gedanken, Wörter, Gefühle, Emotionen) zu minimieren. Ebenso kann man hier eine Empfehlung entziffern: Danken Sie Gott für alles

17

Gute und Schlechte! In den schwersten Minuten unseres Lebens trägt er uns auf seinen Händen. Berücksichtigt man das Niveau der Entwicklung unseres Bewusstseins, so sind alle ungünstigen Ereignisse, einschließlich der Krankheiten, Lehren durch die wir für die Strukturierung unseres Bewusstseins und der erfolgreichen Realisierung der Aufgaben Gottes - der ewigen harmonischen Entwicklung des Menschen und der ganzen ihn umgebenden Realität – hindurch gehen müssen.

4) Wie die Zahlen wirken

Die Bücher von Grigori Grabovoi sind voller Zahlenreihen aber diese gehören nicht zur Gruppe der klassischen Numerologie da die Numerologie im Wesentlichen den Psychotyp des Menschen analysiert. Es sind Bücher aus der Reihe „Selbsthilfebuch" – ohne Medikamente und Operationen, ausschließlich mit Hilfe des Bewusstseins und selbstgestellter Aufgaben. Der Prozess ist universell, unabhängig der aufgetretenen Symptome oder einer gestellten Diagnose. Die von Grigori Grabovoi vorgegebene Reihenfolge der Ziffern überträgt das Urbild der Norm (wieder) auf das pathologisch veränderte Gewebe.

Die Zellen der beschädigten Organe, die alle selbst ein Bewusstsein haben, nehmen die in einer Kombination von Zahlen programmierte Information der ursprünglichen Form „Gesundheit" auf und verändern ihre Vibrationen, indem sie sie zu Resonanzvibrationen des vorgegebenen Kanons der „göttlichen Norm" machen. Das ist keinerlei Mystik. Das ist Wissenschaft – exakte, überprüfte Wissenschaft von Zahlen, von den geometrischen Formen, von der Wechselwirkung der Organe und von den Systemen und Prozessen des menschlichen Organismus. Es findet eine Ersetzung der destruktiven

Information durch eine schöpferische Information statt.

Ziffern (Zahlen) sind die symbolischen Instrumente der grundlegendsten Wissenschaft – der Mathematik. Und die Mathematik als grundlegendes Werkzeug für die Wissenschaft ist zugleich die Sprache Gottes! Alles was zur Selbstwiederherstellung und Selbstregulierung geeignet ist ordnet sich den Gesetzen der mathematischen Wechselwirkungen unter. Mathematik, die außerhalb der Unendlichkeit wirkt. Dort gibt es eine andere Logik, andere Axiome, dort gibt es keine Zeit. Aber dort sind die Grundlagen des Seins. „Omnia in numeris sita sunt" – „Alles ist in den Zahlen verborgen". Und genau von dort stammen auch die Zahlenreihen, die Grabovoi verwendet werden. Sie sind der Maßstab der „göttlichen Norm", zum Beispiel für den menschlichen Körper. Aus diesem Grund gibt die Wechselwirkung mit den Zahlenreihen einen eindeutigen Effekt im betroffenen Subjekt wie dem menschlichen Körper oder einer beliebigen informativen Situation.

5) Konzentrationsübungen in Zeitintervallen innerhalb einer Stunde.

Die folgenden Konzentrationen mit verschiedenen Inhalten und Varianten führen Sie täglich in der Zeit zwischen 22 Uhr und 23 Uhr, in verschiedenen Intervallen, Ihrer aktuellen Ortszeit entsprechend, durch. Sie bestehen jeweils aus den drei Elementen Objekt, Ziel und Ergänzung:

Zeitintervall: 22:00 - 22:03

Objekt der Konzentration: der kleine Finger der rechten Hand.

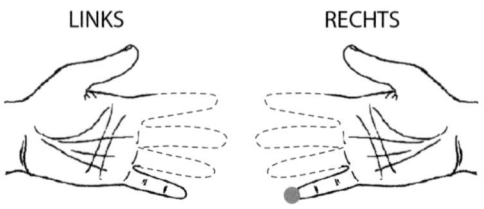

LINKS RECHTS

Ziel und Sinn der Konzentration: Problemlösung; Steuerung von Ereignissen und Situationen; Erkenntnis äußerer Informationen.

Ergänzung zur Konzentration: vor der Konzentration ein Ziel formulieren (z. B. ich werde einen Brief von einem Freund erhalten oder: in einem bestimmten Zeitintervall werde ich einen Anruf von meiner Mutter bekommen). Sie können diejenige Variante der Konzentration auswählen, die der Lösung des jeweiligen Problems entspricht. Halten Sie im Laufe von 3 Tagen Ihre Aufmerksamkeit auf diesem Finger.

Zeitintervall: 22:00 - 22:05

Objekt der Konzentration: Hände und Füße (Blick auf die Nägel der Daumen und der großen Zehen)

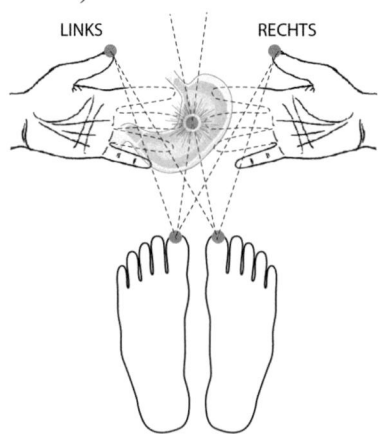

LINKS RECHTS

Ziel und Sinn der Konzentration: Steuerung einer Situation - mit der Kenntnis von Informationen über Zukünftiges und Vergangenes, in den vorangehenden Etappen; dieses ist eine Konzentration in geschlossenem Zyklus, das heißt eine diagnostische Konzentration.

Ergänzung zur Konzentration: Sie konzentrieren sich auf Ihre Hände und Füße, schauen dabei auf die Nägel der Daumen und der großen Zehen. Versuchen Sie mit innerem Blick gewisse Lichtstrahlen zu sehen, die von den Daumen oder den Zehen nach oben scheinen. Und dort wo sich der Lichtstrahl des rechten Daumens mit dem Lichtstrahl des linken Daumen oder des rechten großen Zehs mit dem des linken großen Zeh kreuzt, dort entsteht eine Art Funken. Das ist das Zentrum des Organs wo es unharmonische Veränderungen gibt. Ihr erster Gedanke in diesem Moment wird Ihnen sagen welches Organ das ist. Deshalb wird diese Konzentration auch als diagnostische Konzentration bezeichnet.

Zeitintervall: 22:00 - 22:05

Objekt der Konzentration: beide Zeigefinger.

LINKS   RECHTS

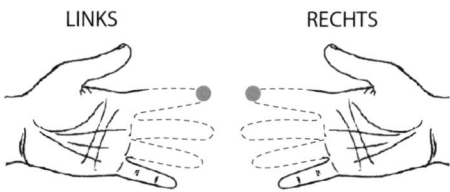

Ziel und Sinn der Konzentration: Auffinden von Bereichen der Überlappung zukünftiger und vergangener Ereignisse (das heißt: die Steuerung einer bevorstehenden Situation).

21

Ergänzung zur Konzentration: bei der Konzentration auf die Zeigefinger stellen Sie sich exakt das vor, was Sie erreichen wollen.

Zeitintervall: 22:00 - 22:05

Objekt der Konzentration: die Füße.

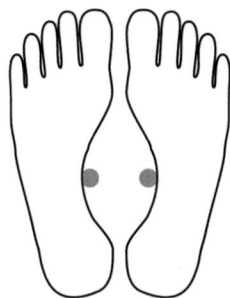

Ziel und Sinn der Konzentration: Entwicklung eines Systems der „irrationalen Vision" (es erfolgt eine Aktivierung der subkortikalen Gehirnregion).

Ergänzung zur Konzentration: bei der Konzentration auf die Füße erhalten Sie Zugang zur Information der Vergangenheit, Gegenwart und Zukunft. Vor der Konzentration eine Frage formulieren, auf die Sie eine Antwort erhalten wollen. Dieses ist auch ein Training für die Entwicklung der Hellsichtigkeit.

Zeitintervall: 22:00 - 22:07

Objekt der Konzentration: sich im Ruhezustand befinden – innere Ruhe entwickeln.

22

Ziel und Sinn der Konzentration: Erforschung und Ermittlung der zielgerichteten Beziehungen zwischen Informationsbereichen (Herz, Leber usw.), mit dem Ziel der Kanonisierung und der optimierenden Verbesserung der Informationen zu einem Problem.

Ergänzung zur Konzentration: zu einem Zeitpunkt in dem Sie sich im Zustand der Ruhe befinden, sich also nicht irgendwelche Körperteile konzentrieren, können Sie sich untersuchen. Versuchen Sie zu verstehen (zu „sehen"), wie Ihre verschiedenen Organe, z. B. Herz und Leber, informativ miteinander verbunden sind. Wenn Sie beginnen diese Verbindungen zu verstehen, findet eine Verbesserung des jeweiligen Problems statt.

Zeitintervall: 22:00 - 22:17

Objekt der Konzentration: der Zeigefinger der rechten Hand.

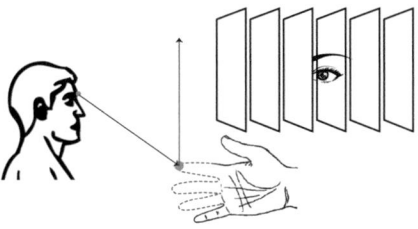

Ziel und Sinn der Konzentration: System der verstärkten Konzentration - Übertragung der Informationslinie die vom Punkt zwischen den Augenbrauen ausgeht in eine senkrechte Flächenstruktur; diese Konzentration ist ein Element der Steuerung der Raum-/Zeit-Ansicht.

Ergänzung zur Konzentration: jeder Mensch verfügt über eine informative Linie zukünftiger Ereignisse. Der Anfang dieser Linie befindet sich zwischen den Augenbrauen. Diese informative Linie ist steuerbar mit Hilfe von Konzentration. Mit dieser Konzentration können Sie zum Beispiel das Gewebe eines entfernten Organs wiederherstellen.

Zeitintervall: 22:00 - 22:17

Objekt der Konzentration: der kleine Finger der rechten Hand.

LINKS   RECHTS

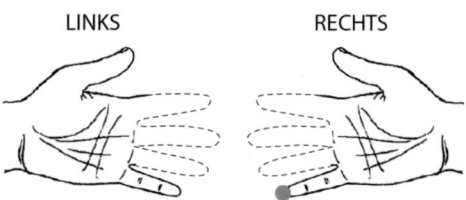

Ziel und Sinn der Konzentration: gleichzeitige diagnostische (Erkenntnis) und korrelative (Wechselbeziehungen) Prozedur.

Ergänzung zur Konzentration: mit Hilfe dieser Konzentration kann man alle pathologischen Veränderungen des Organismus auf die informative Ebene hinausführen. Diese Konzentration kann man gut zusammen mit der diagnostischen Konzentration verwenden (siehe oben 22:00-22:05).

24

Zeitintervall: 22:02 - 22:04

Objekt der Konzentration: der Zeigefinger der rechten Hand.

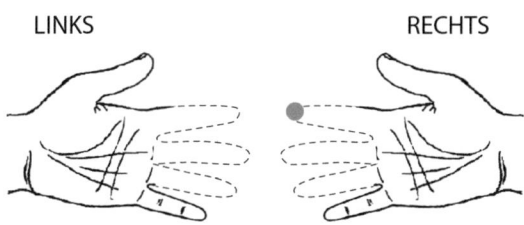

Ziel und Sinn der Konzentration: Vorstellung (Vision) eines benötigten Ergebnisses.

Ergänzung zur Konzentration: sich deutlich und präzise ein Ergebnis vorstellen, so, als ob es schon geschehen ist.

Zeitintervall: 22:03 - 22:04

Objekt der Konzentration: die Zeigefinger beider Hände (5 Tage Konzentration - 1 Tag Pause - 5 Tage Konzentration).

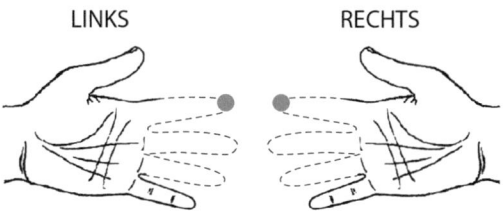

Ziel und Sinn der Konzentration: Befreiung von Drogenabhängigkeit. Transfer einer Struktur der Komprimierung der DNA (der Schichtstruktur der Proteine) auf die Ebene schöpferischer Verdichtung, das heißt dass die positiven Lösungen im Leben die schöpferische Verdichtung darstellen.

Ergänzung zur Konzentration: Sie können mit einem Menschen arbeiten der Hilfe braucht um sich von Drogenabhängigkeit zu befreien, oder diese Person kann auch selbständig arbeiten. Diese Konzentration ist die Formierung positiver zukünftiger Ereignisse. Vor Beginn der Konzentration stellen Sie sich die Entwicklung der Ereignisse in eine von Drogen unabhängige, freie Richtung und Situation vor. Das kann unter anderem eine interessante Arbeit oder eine andere, wichtige Aufgabe sein. Sie stellen sich bei dieser Konzentration diesen Menschen im Strom der zukünftigen positiven Ereignisse vor.

Zeitintervall: 22:05 - 22:10

Objekt der Konzentration: die Zeigefinger beider Hände.

LINKS   RECHTS

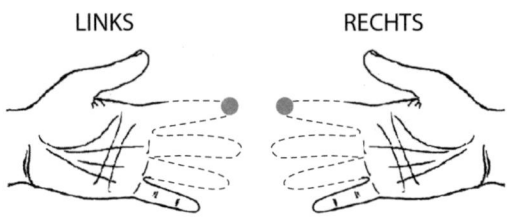

Ziel und Sinn der Konzentration: Steuerung der bevorstehenden Ereignisse.

Ergänzung zur Konzentration: vor der Konzentration formulieren Sie exakt das Ziel welches Sie erreichen wollen und führen dann diese Konzentration auf folgende Weise durch:

Sie schauen entweder direkt auf Ihre Zeigefinger oder halten Ihre Aufmerksamkeit auf sie oder Sie zeichnen ein Schema Ihrer Zeigefinger und schauen auf dieses Schema. Diese Konzentration können Sie bei Ihrer alltäglichen Arbeit durchführen.

Zeitintervall: 22:45 - 22:47

Objekt der Konzentration: die Zeigefinger beider Hände plus die Dynamik grüner Farbe.

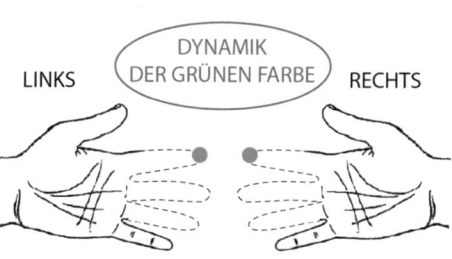

Ziel und Sinn der Konzentration: Findung eines Systems zur Konzentration der Aufmerksamkeit auf die subkortikale Region des Großhirns (unterhalb d. G.) - zwecks Steuerung in beschleunigter Variante.

Ergänzung zur Konzentration: in dieser Konzentration ist es wichtig zu verstehen was die Dynamik der Farbe ist - nicht die Farbe Grün selbst. Man sollte verstehen wie die Farbe Grün formiert wird, wie sie sich verändert und welche Form der Information der Farbe Grün entspricht. Sie ist eine Struktur der Erkenntnis. Überlegen Sie wie man die Dynamik der Farbe steuern kann um die Ereignisse in der Zukunft zu harmonisieren.

6) Steuerung von Ereignissen mithilfe des aktuellen Datums und der aktuellen Zeit

Wir wählen drei aufeinander folgende Monatstage in Form von Zahlen (1 - 31).

Den heutigen (z. B 21.) , den gestrigen (20.) und den morgigen Tag (22.) des Monats in dem wir die Steuerung durchführen.

Wir informieren die Zahl des heutigen Tages mit unserer persönlichen Aufgabe (mit unserem persönlichen Ziel).

Wir vergrößern die Zahl des heutigen Tages um das doppelte und stellen sie über das heutige Datum.

Dann stellen wir die aktuelle Zeit in Stunden und Minuten fest, setzen die Zahl der Minuten (z. B. 15) in die vergrößerte Zahl ein und bewegen sie eine Minute lang im Uhrzeigersinn durch diese vergrößerte/n Zahl/en.

Wir können Ereignisse der Zukunft vom heutigen Tage aus steuern. Wenn wir zum Beispiel in naher oder ferner Zukunft wichtige Termine oder Ereignisse haben, können wir diese also bereits heute positiv beeinflussen (Arztbesuch, Operation, Prüfungstermin, Gerichtsverhandlung etc.).

28

STEUERUNG VON EREIGNISSEN MITHILFE DES AKTUELLEN DATUMS UND DER AKTUELLEN ZEIT

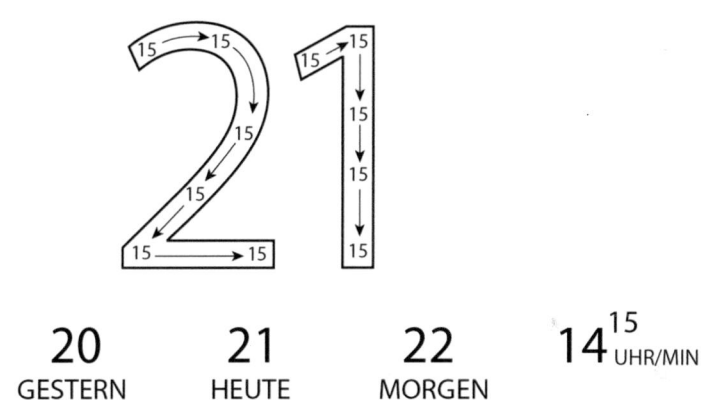

20   21   22 14^{15} UHR/MIN

GESTERN   HEUTE   MORGEN

7) Vereinigung mehrerer Diagnosen zu einer persönlichen Zahlenreihe und Zahl

Hier handelt es sich um ein Prinzip der Vereinigung und Steuerung nach mehreren Diagnosen. Hat der Mensch mehrere Diagnosen gleichzeitig erhalten (mehr als fünf!), kann man die Anzahl der Zahlenreihen und damit die Menge der Zahlen reduzieren. Dafür schreiben Sie die Zahlenreihen verschiedener Diagnosen untereinander (linksbündig). Am besten nehmen Sie die siebenstelligen Zahlenreihen der Diagnosen (aus dem Buch „Wiederherstellung des menschlichen Organismus durch Konzentration auf Zahlen" von Grigori Grabovoi)! Dann „kürzen" Sie die gleichen, mehrfach untereinanderstehenden Zahlen einer vertikalen Reihe, bis Sie zu einer neuen Zahlenreihe aus den verbliebenen, einzelnen Zahlen, kommen. Zum Beispiel:

Vereinigung mehrerer Diagnosen zu einer persönlichen Zahlenreihe und Zahl

8145432 (Hoher Blutdruck)

8819977 (Diabetes Melittus)

4812412 (Übergewicht)

5484548 (Gastritis)

5131482 (Glaukoma/„grüner Star")

4539977421484548318

4+5+3+9+9+7+7+4+2+1+4+8+4+5+4+8+3+1+8=15=1+5=**6**

Diese Zahlenreihe wird aus mehreren Zahlen (z. B. 14, 19 oder mehr) bestehen. Im Effekt konzentrieren wir uns somit auf mehrere Diagnosen aus verschiedenen Bereichen in einer neuen Zahlenreihe (hier: 4539977421484548318).

In einem weiteren Schritt können Sie auch diese Zahlenreihe noch kürzen und zu einer Zahl zusammenfassen (hier: 6).

Somit steuern Sie geistig durch eine einzige Zahl, die letztendlich die Projektion aller Diagnosen darstellt.

8) Arbeit mit Vergangenheit

Der Grund einer Erkrankung liegt immer in der Vergangenheit. Wenn wir uns unser Leben als einen Zeitstrahl vorstellen, dann liegt unsere Vergangenheit also immer an einem anderen Punkt als unsere Gegenwart. Will ich meine Gegenwart verbessern, muss ich also den Grund in der Vergangenheit auflösen. Wir wirken also aus unserer Gegenwart auf unsere Vergangenheit und verbessern damit gleichzeitig unsere Zukunft! Zwei Varianten:

a) Mit meinem Bewusstsein gehe ich zurück in die Vergangenheit, kurz bevor ein Ereignis eingetreten ist welches mich zu dieser Erkrankung (oder auch zu einem anderen Problem) geführt hat – auch wenn ich dieses Ereignis nicht kenne – und ändere gedanklich bewusst die Situation oder die Information die zu diesem Resultat geführt hat. Das kann ich tun indem ich die Situation „beleuchte", zum Beispiel mit silbrigweißem Licht (des heiligen Geistes).

b) Ich nehme die Zahlenreihe zur Harmonisierung der Vergangenheit: 7819019425 und stelle sie mir vor meinem geistigen Auge vor (ich kann sie mir auch real auf einen Zettel aufschreiben und vor mich halten). Dann wähle ich intuitiv und spontan eine Zahl zwischen 1 und 9 aus. Diese Zahl entspricht meinem heutigen Zustand (den ich harmonisieren möchte). Diese platziere ich vor die Zahlenreihe (zwischen mir und der Zahlenreihe). Dann wähle ich nach dem gleichen Schema eine weitere Zahl zwischen 1 und 9. Diese Zahl entspricht dem ursprünglichen Grund (der Quelle) der Erkrankung. Ich platziere sie hinter der Zahlenreihe (von mir aus gesehen hinter der Zahlenreihe).

Harmonisierung der Vergangenheit

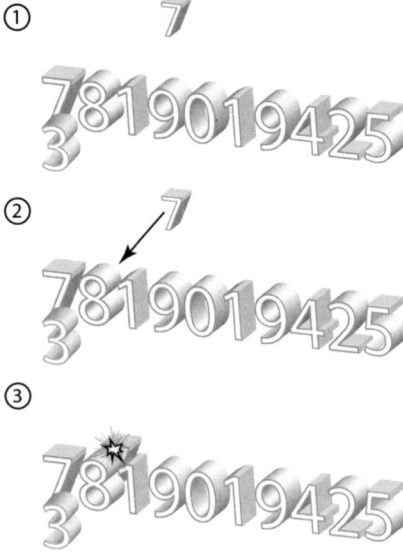

Anschließend verbinde ich die Zahl hinter der Zahlenreihe mit der nächst höheren Zahl aus der Zahlenreihe zur Harmonisierung. Durch diese Verbindung entsteht eine Art Funke oder Blitz (den wir sehen), der die Steuerung verdeutlicht.

9) Faktor der Zukunft.

Ein Faktor der Zukunft ist jenes Gebiet, wo die Aufgabe realisiert wird, es ist ein steuerbarer Faktor. Das System der Erkenntnis befindet sich zwischen den Positionen der Vergangenheit und der Zukunft. Sich selbst erkennend, stützt sich der Mensch immer auf die Elemente der Vergangenheit und der Zukunft.

Das System des Aufbaus der Zukunft ist das System, das die Wiederherstellung des Menschen bestimmt, ausgehend von Kenntnissen, die wir haben. Der Körper des Menschen reagiert auf die Elemente der zukünftigen Ereignisse als erster. Der Prozess der Steuerung besteht darin, den Punkt der Zukunft, wo das Problem festgelegt ist, zu normieren, vom Gesichtspunkt der Information.

Es ist ausreichend, diese Information zu beleuchten oder die Information des Todes zu entfernen und die Krankheit verlässt den Körper, weil es keine Gründe mehr gibt, in diesen Zustand zu gehen. In der Zukunft gibt es die Mehrvariationsmöglichkeit. Einmal hat der Mensch für die Zukunft eine Auswahl getroffen und die Schicht der gegen den Menschen Information ist geschehen. Auf dieser Schicht befindet sich die informative Konstruktion, wo er zum Beispiel stirbt, das heißt die Aufzeichnung des Todes.

Und wenn die Schicht der gegen den Menschen Information erscheint ist, hat der Körper auf diese Aufzeichnung über den Tod reagiert. Es ist ausreichend, diese Information herauszunehmen oder zu beleuchten, den Strom des Wissens in diesen Punkt zu senden. Diese Information wird sich umwandeln, folglich wird der Körper mit der rückgängigen Welle umgewandelt. Der Körper beginnt, die Ruhe wahrzunehmen und er wird geheilt. Im ersten Fall nimmt der Körper die Aufzeichnung des Todes wahr und ihm bleibt nichts Weiteres übrig, als zu erkranken. Im zweiten Fall beginnt er, aus demselben Grund heil zu werden, da die Aufzeichnung über den Tod verloren geht.

Die Krankheit ist nicht nur ein Ergebnis der früheren Aufarbeitungen, sondern auch ein Ergebnis des Zusammenwirkens mit der Zukunft. Der Körper des Menschen reagiert als erster auf die Zukunft. Wenn der Körper als erster auf die Zukunft reagiert dann reagiert er auf alle negativen Gedanken die dort anwesend sind. Das heißt, wenn es in der Zukunft die Gedanken-Form über den Tod gibt, so wird der Mensch an einer tödlichen Krankheit erkranken. Das heißt nicht, der Tod erscheint im Ergebnis der Krankheit, sondern die Krankheit im Ergebnis dessen dass es irgendwo in der Zukunft einen Endpunkt gibt, es gibt eine Aufzeichnung über den Tod. Die Aufgabe des Menschen, im Prozess der Entwicklung ist es die negative Information aus der Zukunft zu entfernen. In der Zukunft soll man sich gesund vorstellen, dann wird der Körper darauf positiv reagieren und wird aufhören, krank zu sein. Alles hängt von dem Menschen ab. Und wenn man einen beibiegen Zustand seines Organismus sachkundig steuern möchte, soll man die Kenntnisse über die Zukunft richtig wahrnehmen können. Zuerst ein glücklicher Mensch, dann wird das Glück kommen. Zuerst ein gesunder Mensch, dann wird die Gesundheit kommen. Aber wenn der Mensch zuerst gedanklich „gestorben" ist, dann wird der Tod kommen. Der Mensch stirbt lange vor dem physischen Tod. Es geschieht im Inneren des Menschen, auf der Ebene der von ihm gefassten Entscheidung. Deshalb soll man sich erkennen. Der Mensch verpasst sehr viele Momente in seinem Leben, die er eigentlich selbst steuern kann.

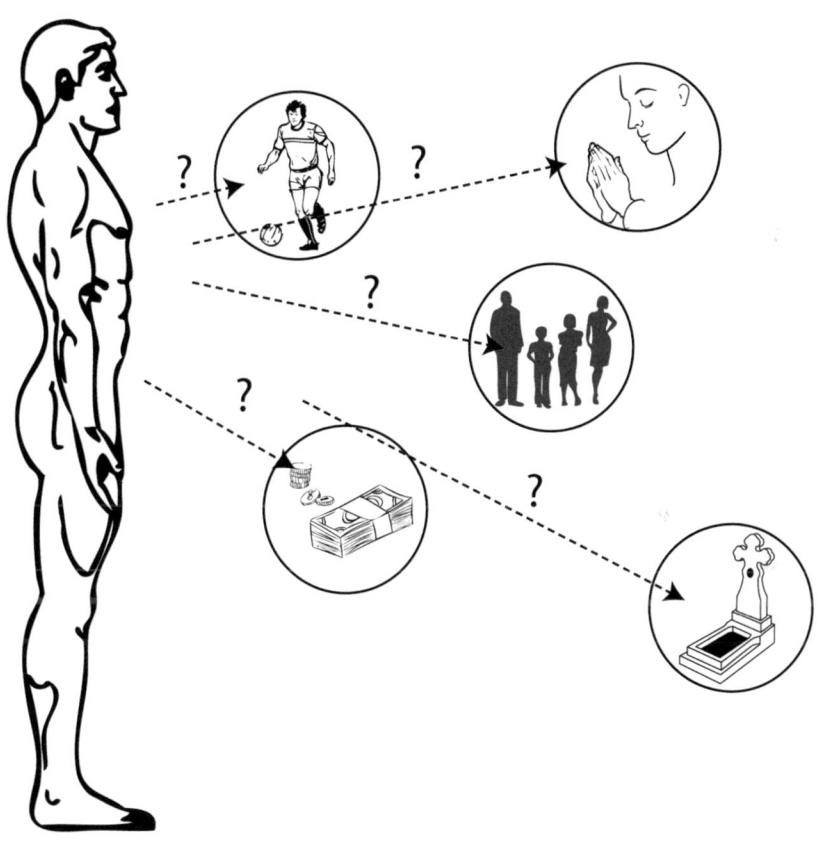

10) Methoden direkter verbaler Formulierung:

Das formulierte Wort ist direkt mit unserem genetischen System verbunden. Sprache und Sprechen sind ein Konglomerat (Mischung) unserer „mentalen Chromosomen". Diese Tatsache ermöglicht es dem Menschen auch mental „standhaft" und klar zu bleiben auch wenn vielfache negative Information auf ihn einwirkt. Denn diese negative Information zerstört dauerhaft – und unbewusst - zunächst den geistigen (immateriellen) und in der Folge auch den physischen (materiellen) Körper. Das bedeutet dass das Wort, speziell das bewusst formulierte und gesprochene oder, besser, niedergeschriebene Wort, sehr stark - positiv oder negativ - auf unser Unterbewusstsein wirkt. Daher ist es wichtig, seine Gedanken stets zu überprüfen und mit positiver Formulierung zu denken und zu sprechen. Darum ist es auch wichtig, dass Sie Ihre angestrebten Ziele möglichst auch schriftlich zu fixieren, zu manifestieren.

a) 4 Sphären und Informationsfluss

Nacheinander konstruieren wir drei Kugelsphären und positionieren sie direkt untereinander.

In die oberste Sphäre tragen wir die Information und die entsprechende Zahl 1784121 über die „Allgemeine „Rettung..." nach Grabovoi ein.
In die zweite Sphäre tragen wir den Geburtsmonat der die Steuerung durchführenden Person ein.
In die dritte Sphäre schreiben wir unsere wörtliche Formulierung unseres Ziels (z. B. „Harmonisierung...").

36

Die Steuerung besteht darin, dass wir uns auf der Ebene unserer Wahrnehmung sehr präzise die drei Sphären vorstellen. Und dann „beleuchten" wir die zweite und dritte Sphäre mit silbrig weißem Licht.

Man kann sich das ganze auch als Lichtstrom von der oberen über die beiden weiteren Sphären vorstellen und dann eine weitere, vierte Sphäre „sehen", die das detaillierte gewünschte Ergebnis enthält (Prinzip der Kaskade!).

**DIE METHODE DER STEUERUNG MIT HILFE
DER WÖRTLICHEN FORMULIERUNG DES ZIELS DER STEUERUNG**

b) Einbringen positiver Information/Energie in den Organismus (mit Sphäre)

1.Schritt:

Formulieren Sie das Ziel Ihrer Steuerung in einfachen Worten, zum Beispiel: „Ich möchte meine Augen heilen"

2.Schritt:

In den ersten (I) und den letzten (n) Buchstaben geben Sie die Information „Allgemeine Rettung und harmonische Entwicklung" ein und „beleuchten" sie gleichzeitig (mit „Licht der Seele" ausfüllen).

3.Schritt:

Sie verbinden dann den ersten und den letzten Buchstaben so, dass ein Torus (ein „Energiering") entsteht.

4. Schritt:

Diesen Torus beleuchten Sie so, dass daraus eine Sphäre entsteht. Diese Sphäre stellen Sie ca. 5 Zentimeter über Ihren Kopf und lassen aus Ihr die Energie und Information auf Ihren Organismus wirken („herabregnen"), bis Sie spüren dass Sie ganz davon erfüllt sind.

EINBRINGEN POSITIVER INFORMATION/ENERGIE
IN DEN ORGANISMUS (MIT SPHÄRE)

SCHRITT 1: ZIEL FORMULIEREN

SCHRITT 2:

 ICH MÖCHTE MEINE AUGEN HEILEN

SCHRITT 3:

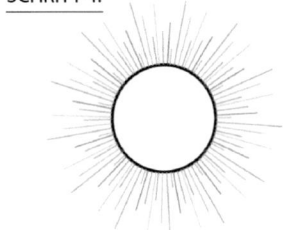

SCHRITT 4:

SCHRITT 5:

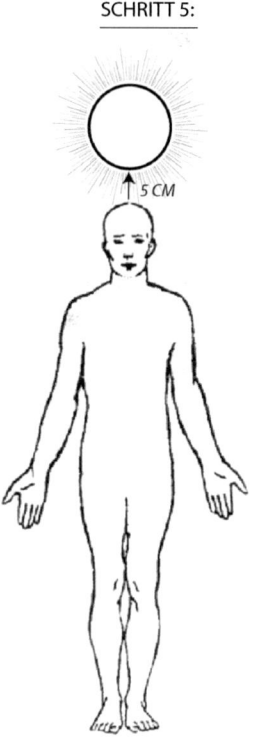

5 CM

39

C) Ausleiten negativer Information/Energie aus dem Organismus (mit Ring)

1. Schritt:

Formulieren Sie das Ziel Ihrer Steuerung in einfachen Worten, zum Beispiel: „Ich befreie mich von einer negativen Energie/Information X..."

2. Schritt:

In den ersten (I) und den letzten (n) Buchstaben geben Sie die Information „Allgemeine Rettung und harmonische Entwicklung" ein und „beleuchten" sie gleichzeitig (mit „Licht der Seele" ausfüllen).

3. Schritt:

Sie verbinden dann den ersten und den letzten Buchstaben so, dass ein Torus (ein „Energiering") entsteht.

4. Schritt:

Diesen Torus stellen Sie sich in Höhe der Brust vor Ihrem Körper vor und drehen ihn mental gegen den Uhrzeigersinn bis Sie „sehen" bzw. spüren wie die gesamte negative Energie und Information aus Ihrem Organismus in den Ring hinein ausgeleitet wurde. Dann halten Sie den Ring kurz an und schieben ihn von sich weg in den „silbrig-weißen Kubus", im Raum des Schöpfers. Dieser silbrig-weiße Kubus ist ein geschlossener Raum zur Umwandlung negativer in positive Energie. Sein Volumen ist unbeschränkt.

B) EINBRINGEN POSITIVER INFORMATION/ENERGIE IN DEN ORGANISMUS (MIT SPHÄRE)

C) AUSLEITEN NEGATIVER INFORMATION/ENERGIE AUS DEM ORGANISMUS (MIT RING)

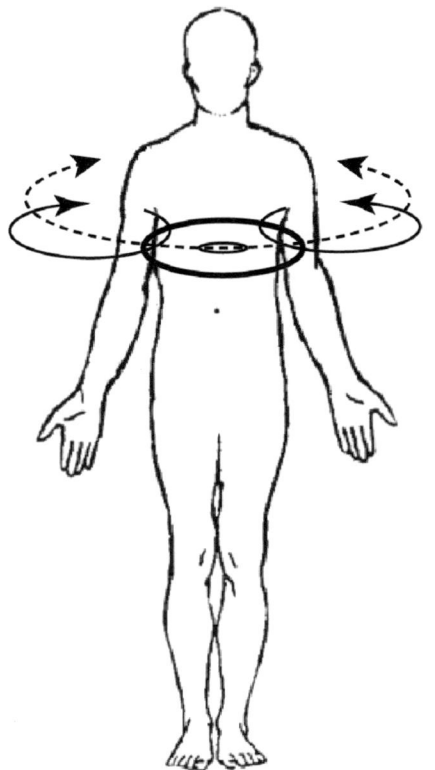

D. Steuerung entlang einer Welle (Sinus)

Wir konstruieren unser Ziel in einem Satz (z. B. „ich heile mich von der Grippe") entlang einer horizontalen Welle, von links nach rechts (Mittellinie - obere Amplitude - untere Amplitude): > i-Mittellinie, c- obere Amplitude, h- Mittellinie, h- untere Amplitude, usw.

... I-c-h-h-e-i-l-e-m-i-c-h-v-o-n-d-e-r-G-r-i-p-p-e < .

Dann tragen wir die Makro-Steuerung „Allgemeine Rettung..." in den ersten und letzten Buchstaben unseres Ziels ein, also z. B. in „i" und „e".

Dann versetzen wir unsere konstruierte „Wortwelle" in Schwingung und beleuchten anschließend die oberen und unteren Buchstaben mit silbrig weißem Licht.

Dabei müssen wir nicht den gesamten Zielsatz in einem Bild sehen, es reicht wenn wir einen oder auch mehrere Buchstaben nacheinander beleuchten.

METHODE DER STEUERUNG ENTLANG EINER WELLE

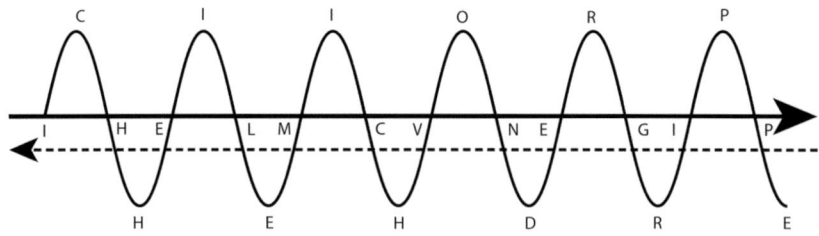

E. Steuerung mithilfe Erschaffung eines Lichtfensters

Zuerst schreiben wir unser Ziel in den Raum unserer Wahrnehmung, zum Beispiel: „Heilung meiner Augen". Danach tragen wir die Makro-Steuerung „Allgemeine Rettung..." in den ersten und letzten Buchstaben unseres Ziels ein, also z. B. in „H" und „n".

Wir finden dann den räumlichen Mittelpunkt unseres formulierten Ziels, egal ob auf einem oder zwischen zwei Buchstaben.

Die aktive Steuerung besteht darin dass wir den formulierten Satz sehr schnell auf- und ab bewegen (vertikale Schwingung), so, dass ein „Lichtfenster" entsteht. Erkennen wir das Fenster, haben wir die Steuerung bereits erfolgreich ausgeführt.

METHODE DER STEUERUNG MIT HILFE
DER ERSCHAFFUNG EINES LICHTFENSTERS

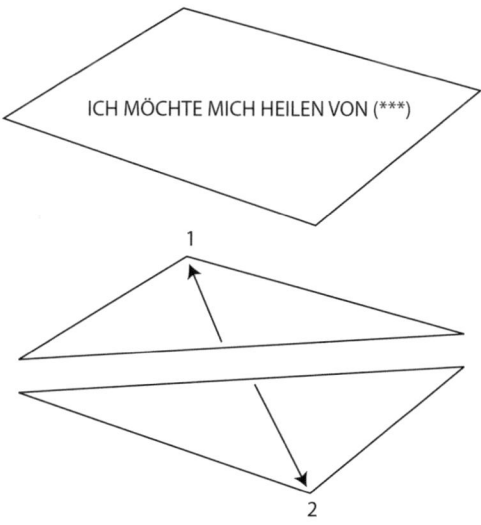

11) Steuerungsmethoden mithilfe geometrischer Formen:

a) Mit Konus und zwei Sphären

Stellen Sie sich einen Konus mit einer Grundfläche von ca. 5 Zentimeter vor, er ist die Form Ihrer Gedanken zu einer persönlichen Aufgabe.

Auf die Spitze des Konus stellen Sie eine Kugelsphäre mit einem Durchmesser von ca. 1 Zentimeter, diese ist die Sphäre der Steuerung.

Auf den Boden des Konus führen Sie eine weiter Kugelsphäre mit einem Durchmesser von ca. 1 Zentimeter ein, diese ist die Sphäre Ihrer persönlichen Aufgabe (Ihr Ziel).

Dann bewegen Sie die Sphäre mit Ihrer persönlichen Aufgabe zur oberen Sphäre der Steuerung Im Punkt der Überlagerung beider Sphären geschieht die Steuerung.

Anschließend bewegen Sie die Sphäre Ihrer Steuerung wieder nach unten – und, je nach persönlicher Intuition, wieder nach oben und wieder nach unten (wie ein Lift).

Tipp: es ist möglich dass sich die Sphäre Ihrer persönlichen Aufgabe während der Arbeit verkleinert, weil sich Ihre Aufgabe bereits im Prozess der Lösung befindet!

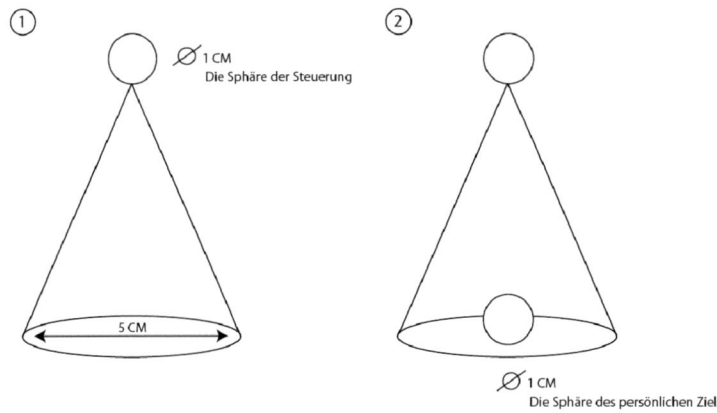

① Ø 1 CM
Die Sphäre der Steuerung

② Ø 1 CM
Die Sphäre des persönlichen Ziels

5 CM

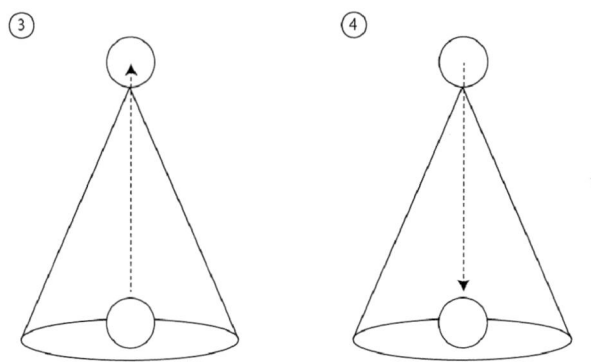

③

④

45

b) Mithilfe von Wahrnehmung der Form

Bilden Sie vor sich auf Brusthöhe eine größere Sphäre die sich von Ihnen weg dreht (rotiert).

Links von sich stellen Sie sich eine silbrig-weiße Lichtsäule vor, die die Information „Allgemeine Rettung und harmonische Entwicklung..." enthält.

Sie nehmen Licht aus dieser Säule und sammeln es in einer weiteren, kleinen Sphäre in Ihrer linken Hand. Diese Lichtsphäre übertragen Sie jetzt in die größere Sphäre.

In Ihrer rechten Hand bilden Sie einen kleinen Kubus und geben dort Ihre persönliche Aufgabe/Ziel hinein.

Den Kubus übertragen Sie jetzt ebenfalls in die größere Sphäre. Kubus und kleinere Sphäre rotieren mit hoher Geschwindigkeit. Dabei treffen sie zusammen und ein Lichtblitz entsteht. In diesem Moment erfolgt die Steuerung auf Informationsebene.

DIE METHODE DER STEUERUNG MIT HILFE VON WAHRNEHMUNG DER FORM

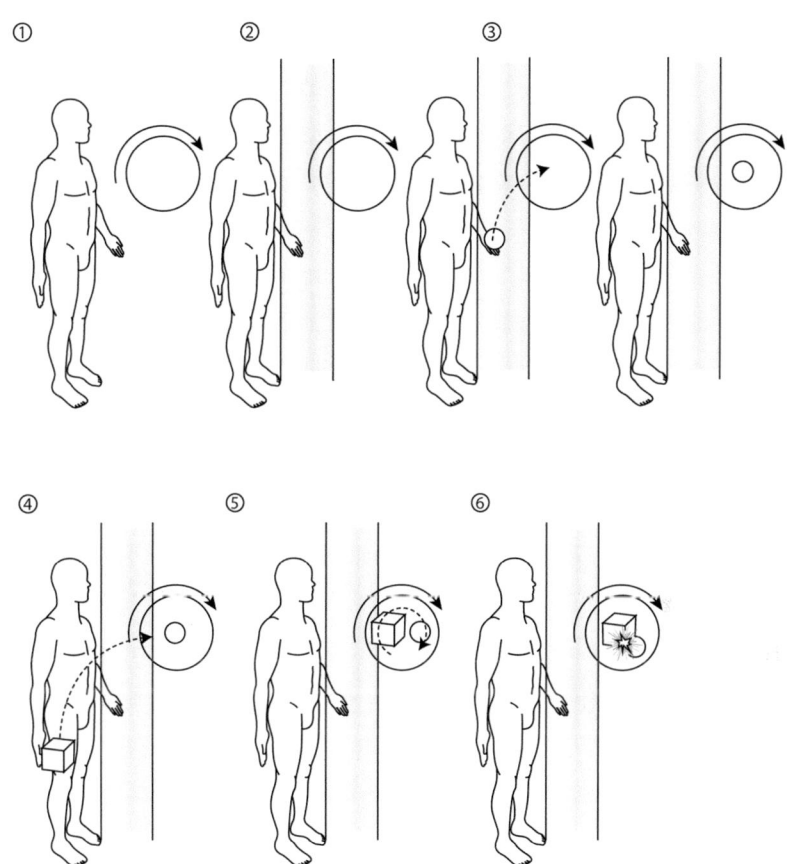

12) Harmonisierung von Ereignissen – Struktur der bipolaren Signale im Menschen

Was bedeutet Polarität in diesem Fall?

Die Polarität bestimmt den Zyklus Ihrer Wahrnehmung, das heißt, die Fähigkeit Wissen zu übernehmen und weiterzugeben. Ein Punkt der Konzentration der bipolaren Signale sind die kleinen Finger der Hände.

Der kleine Finger der linken Hand ist der Pluspol in diesem Faktorensystem oder die Struktur des Ansatzes der Ereignisse, ihrer Entwicklung des Wissens und das Mittel der objektiven Kontrolle.

Der kleine Finger der rechten Hand ist der Minuspol des Faktorensystems. Es ist die Struktur der Übergabe der Kenntnisse und es ist die Struktur des Abflusses der Ereignisse durch Dichte, Ausdehnung und Verbreitung.

Zwischen dem linken und rechten kleinen Finger entsteht eine Ebene der Aufnahme und der Abgabe des Wissens oder der Organisation der Ereignisse. Es existiert ein direkter Zusammenhang mit einer gewissen bogenförmigen Struktur, die Plus und Minus des Faktorensystems direkt verbindet.

Führt man den Bogen zwischen dem linken und rechten kleinen Fingern durch, so entsteht ein System des Überfließens der Information von einem auf den anderen Finger – sie konzentriert sich auf dem einen und auf dem anderen nimmt sie ab, das Wissen entfaltet sich in Ihnen.

Der Bogen ist die Ereignisstruktur, die auf der Ebene der Wahrnehmung zum Beispiel verschieden gefärbt erscheint.

Wenn der Bogen rotgefärbt ist dann findet das entsprechende Ereignis sehr schnell statt.

Wenn der Bogen grüner Farbe ist, kann man ein Ereignis verzögern. Das kommt vor wenn es dem Menschen hilft - zum Beispiel einer der an einer onkologischen Krankheit leidet - die Gesundheit zu normieren. In diesem Fall ist es besser sich den Prozess der Bildung der Ereignisse wie einen grünen Bogen vorzustellen. Also wenn es sich um eine schwere Erkrankung handelt, wenn viel Zeit notwendig ist, damit der Mensch geheilt wird.

Ist der Bogen blaugefärbt, dann realisiert sich das Ereignis fließend und alles wird ungehindert in Norm sein.

Hat der Bogen eine violette Farbe, die Farbe der Liebe, verstärkt er einen beliebigen Prozess.

Ein Bogen im weißer Farbe bedeutet direkte Nähe zum Licht. Das bedeutet, dass der Schöpfer in dieser Situation direkt beteiligt ist, direkt mitwirkt.

Es macht also Sinn sich die Farbe der Bögen von vorne herein vorzustellen um den Prozess entsprechend zu steuern.

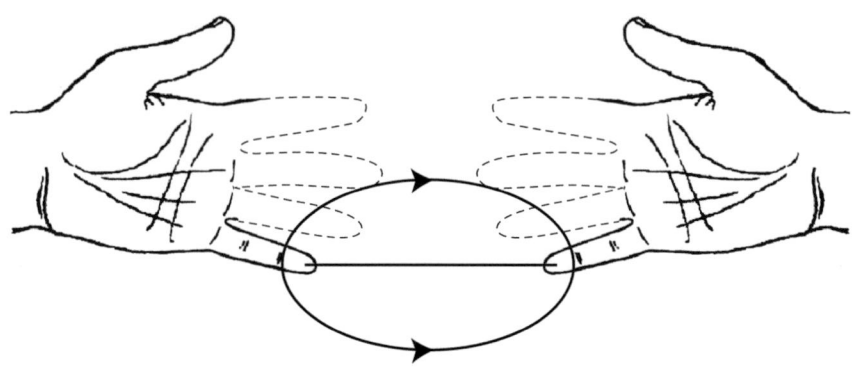

13) Wiederherstellung der Organe und Drüsen durch Schilddrüse

Auf physischer Ebene kontrolliert die Schilddrüse den Stoffwechsel in jeder Körperzelle. Auch auf Informationsebene ist die Schilddrüse ein sehr wichtiges Organ denn durch die Schilddrüse fließen alle Signale und Informationen von der Hypophyse an alle Drüsen der Peripherie und umgekehrt von den Drüsen und Organen der Peripherie (Nebennieren, Eierstöcke, Bauchspeicheldrüse etc.) durch die Schilddrüse zur Hypophyse. Mental kann man die Funktion der Organe normieren (harmonisieren)!

Konzentrieren Sie sich dazu auf das Zentrum der Schilddrüse und stellen Sie sich geradlinige Lichtstrahlen vor die zu den verschiedenen Organen führen.

Sollten Sie diese Lichtstrahlen – auch Einzelne - zick-zack-förmig sehen dann begradigen Sie diese bewusst.

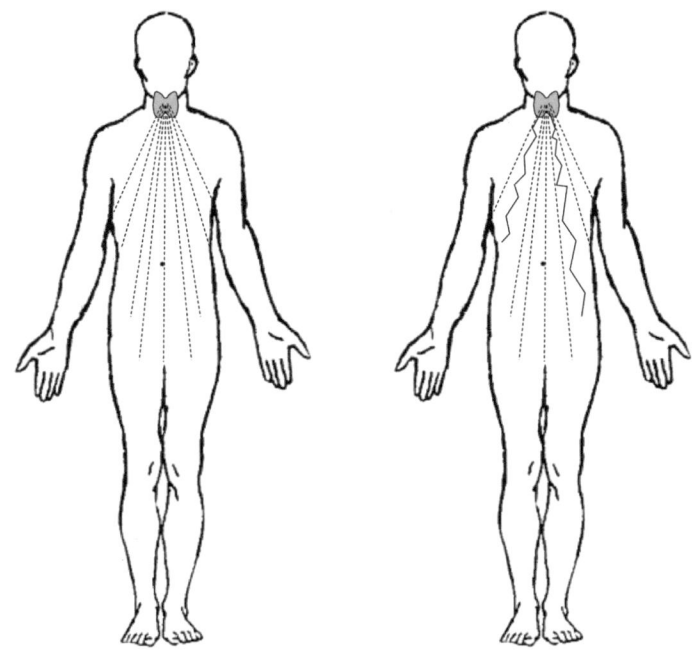

14) Ausleitung von Krebsinformation durch „Himmelsperspektive"

Mit dieser Methode können natürlich auch Informationen aller Art zu anderen Beschwerden wie „Schmerzen", Entzündungen", „Zysten" oder „Unwohlsein" aller Art ausgeleitet werden aber der Aspekt der „Krebsinformation" erschien mir hier besonders wichtig.

1. Schritt) Stellen Sie sich die Himmelperspektive rund um Ihre Schultern vor (sehen Sie den freien, blauen Himmel über sich). Verbinden Sie sich innerlich mit dem Schöpfer. Hierhin, in den Himmel, öffnen sich die Informationskanäle aus Ihrem Inneren.

2. Schritt) Gehen Sie gedanklich an den Ort, an die Stelle, von der Sie die

Information des Krebses oder auch die Information anderer Krankheiten (Entzündung, Zyste o. ä.) ausleiten möchten.

3. Schritt) Für jede einzelne der Zellen an dieser Stelle bauen Sie einen eigenen, dursichtigen Zylinder auf. Über diese Zylinder führen Sie dann die pathologische Information heraus, wie über einen Exhauster (Abfluss- oder Abgasrohr).

4. Schritt) Sprechen Sie zusätzlich mental aus:

„Auf dem Weg der Ausleitung der Zellen mit negativer Information gibt es keine Haut."

Die Haut beinhaltet dichte Schichten innerer und äußerer Information, die unser Bewusstsein nur schwer bewältigen kann, daher wählen wir diesen unterstützenden, „befreienden" Satz.

5. Schritt) Danach füllen Sie den Raum an der betroffenen pathologischen Stelle mit „Retterzellen" auf.

6. Schritt) Sprechen Sie zusätzlich aus: „ Ich fixiere mit dem Licht des Schöpfers!" Damit fixieren Sie den Normzustand .

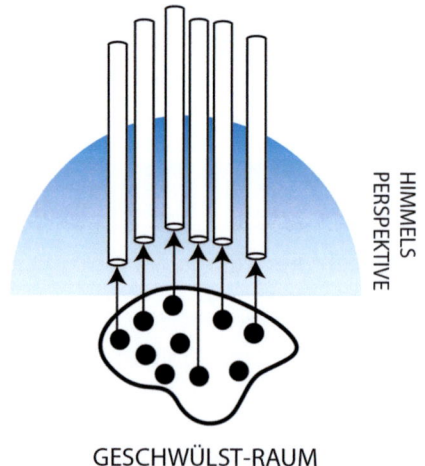

HIMMELS PERSPEKTIVE

GESCHWÜLST-RAUM

15) Verjüngungsmethode durch Übertagung der Impulse

Jeder Mensch hat in seinem Bewusstsein ein spezielles Element, welches für die Steuerung der Realität verantwortlich ist. Alle Methoden der Steuerung vereinigt jedoch der Aspekt der Erkenntnis Gottes bzw. der Schöpfung.

Zuerst entscheiden Sie, welche Gestalt (welches Alter) Sie sich wiedergeben wollen. Anschließend entscheiden Sie für sich, was für Sie Verjüngung bedeutet. Außerdem müssen Sie sich darüber im Klaren sein dass, wenn Sie sich zum Zeitpunkt Ihres 18. Lebensjahres „übertragen"", dann z. B. jene Ereignisse, die von Ihrem 18. Lebensjahr bis heute stattgefunden haben, nirgendwo verloren gehen können. Diese Ereignisse haben stattgefunden und sie bleiben erhalten, sonst wäre der Moment der Zerstörung dieses Zyklus gegeben.
Sie müssen aber für sich entscheiden ob Sie Willens und in der Lage sind, sich und die stattgefundenen Ereignisse in diesem Zeitabschnitt in anderer Form wahrzunehmen beziehungsweise sie anders zu bewerten.

Die Steuerung der Realität besteht in der Wiedergabe der Impulse der rechten und linken Gehirnhälfte. Diesen Impuls kann man auch durch Konzentration auf Finger generieren. An der Spitze des Zeigefingers der rechten Hand (auch bei Linkshändern) befindet sich der Punkt, der eine Projektion dieses Steuersystems und des Ausgangs, auf einen größeren Umfang der Informationsstrukturen ist. Dieser Punkt ermöglicht es, mit dem 3-Zeichen-System zu steuern.

Wieso 3-Zeichen-System? Weil es auf jeder Ebene ein eigenes Steuersystem gibt. Der Zeigefinger versammelt dieses System in ein Einheitliches Ganzes. Jetzt kommen wir dazu, welches System sich auf welchem Finger befindet. Auf dem Zeigefinger befindet sich also das 3-Zeichen-System. Auf dem kleinen Finger befindet sich das 2-Zeichen-System und auf dem Ringfinger das 1-Zeichen System. Das sind die Steuersysteme, die es ermöglichen, Probleme zu lösen.

Sie konzentrieren sich auf den Zeigefinger ihrer rechten Hand. Dann übertragen Sie schnell den Impuls auf den kleinen Finger derselben Hand. Anschließend übertragen Sie ebenfalls schnell den Impuls auf Ihren rechten Ringfinger. So entsteht ein System der Bewegung. Das heißt Sie begeben sich auf die Ebene Ihres Bewusstseins und geben den Impuls zur Realisierung einer Aufgabe (Zeigefinger). Dann überführen Sie diese Aufgabe auf die Ebene Ihrer Wahrnehmung (kleiner Finger) und realisieren Sie auf dem irdischen Plan, also in der Realität (Ringfinger).

Das heißt, das Prinzip dieses Impulses ist der Übergang in die Struktur des Bewusstseins, in die Struktur der Wahrnehmung und in die Struktur der Realisierung des vorliegenden Ereignisses.

Jeder Mensch hat Organe, die ein Paar bilden (zum Beispiel: die Hände) und es gibt Organe, die nur in einfacher Zahl vorhanden sind (zum Beispiel: die Leber). Eine der Möglichkeiten der Regeneration von Materie ist also die Möglichkeit der Nutzung der Paar-Organe. Indem man die Paar-Organe verwendet, kann man die Information von einem Organ zu einem anderen „umspulen", wie Elemente auf einem Tonband oder einer Filmrolle. Man hat zwei Spulen und die Information wird einfach von einer auf die

54

andere Spule gerollt.

Um sich (mental) zu verjüngen, können Sie folgendes Prinzip verwenden, wie das Umspulen eines Bündels von Informationen:

1) Sie beschließen, dass Sie ihr Alter ändern wollen.
Sie beginnen also, diese Information („mein Alter ändern") vom Zeigefinger der rechten Hand zum kleinen Finger und weiter zum Ringfinger der rechten Hand zu übertragen: Bewusstsein > Wahrnehmung > Realität.

2) Gleichzeitig beginnen Sie mit dem „Umspulen" des Bündels an Informationen der Differenz zwischen heutigem und „neuem", gewählten Alter. Die Information der dazwischen liegenden Jahre übertragen Sie mental auf den Zeigefinger der linken Hand (man könnte auch sagen: auf ein „Abstellgleis"). Wenn Sie also zum Beipiel heute 54 Jahre alt sind und sich auf 18 Jahre „verjüngen" wollen, dann sind es 54 minus 18 Jahre = 36 Jahre Differenz, deren Information Sie auf den linken Zeigefinger übertragen.

3) Auf dem Zeigefinger der rechten Hand verbleibt die Information des Alters, welches Sie in die (neue) Realität übertragen wollen (zum Beispiel: Information zum Zeitpunkt „18 Jahre").

4)Diese Information auf dem rechten Zeigefinger umfassen Sie mit „goldenem Faden". So bilden Sie die Zelle mit der Information jenes Alters, für das Sie sich entschieden haben.

5) Danach übertragen Sie diese Zelle zum Beispiel in die Hypophyse (Hirnanhangdrüse). Sie ist die Schnittstelle im Gehirn

zur Hormonregulierung im Körper von der die Information über die Verjüngung auf weitere Zellen und Organe übertragen wird.

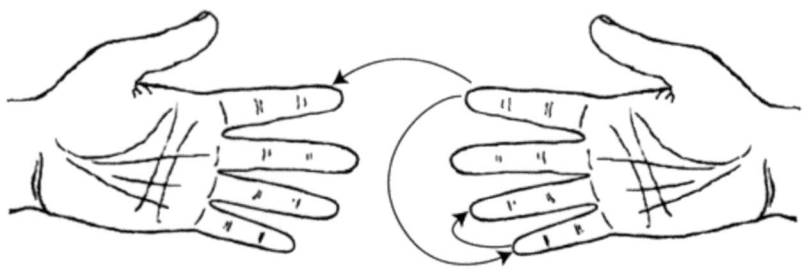

16) Steuerung der Verkehrssicherheit

Die Verkehrsdichte wird immer extremer. Jeder, auch ein Fußgänger oder sogar der auf der Parkbank sitzende Zeitungsleser, ist in diesem Sinne Verkehrsteilnehmer. Oft begeben wir uns unüberlegt und unkonzentriert auf eine Reise irgendeiner Art: zu Fuß, mit dem Fahrrad, öffentlichen Verkehrsmitteln oder mit dem Auto. Das macht uns „angreifbar" für negative Energie und Information verschiedenster Art, im Verkehr. Durch einfache, schnelle und gezielte Konzentrationen können wir uns vor jeder Reise harmonisch konditionieren.

a) Präventive Steuerung vor dem Abflug – oder auch vor der Abfahrt mit Auto, Bus oder Bahn: wir stellen uns die Flugroute als eine Ansammlung kleiner Sphären vor (wie Perlen an einer Kette), beginnend ca. 3 Meter vor der Flugzeugnase. Wir beleuchten sowohl die erste Sphäre vor dem Flugzeug sowie den Ankunftsort (z. B. Flughafen oder Bahnhof) mit silbrigweißem Licht. Dann „führen" wir das Flugzeug bzw. den Flug harmonisch von Sphäre zu Sphäre, bis ins Ziel.

b) Steuerung während des Fluges oder der Fahrt: wir stellen die Zahl „10" auf den Ankunftsort und sehen den Weg dorthin und die Ankunft dort harmonisch und problemlos verlaufen (Anmerkung: die Harmonie dieser Situation verbreitet sich übrigens auf alle anderen betroffenen Verkehrsteilnehmer an diesem Ort, zu dieser Zeit!).

c) Wir stellen imaginär in blauer Farbe die Zahlenkombination „777" auf die Fenster des Cockpits bzw. des Fahrerplatzes. So erhalten die Piloten/ Fahrer/Zugführer ein Informationsfeld welches ihnen ermöglicht immer die richtigen Entscheidungen während der Reise zu treffen.

d) Laufende Diagnostik für Autofahrten: 99198.

Stellen Sie sich diese Zahlenreihe vor der Fahrt, räumlich vor dem Auto (Ihrem, oder Auto Ihres Fahrers) vor und konzentrieren sie sich auf die Eindrücke im Rahmen einer harmonischen Reise, die Sie erhalten. Die ersten Gedanken die Ihnen in diesem Zusammenhang ins Bewusstsein kommen sind sollten sie aktiv befolgen und gegebenenfalls den Zustand dort kontrollieren oder kritisch prüfen. Zum Beispiel: „Reifendruck prüfen", „Wischwasser kontrollieren", „an der Autobahnauffahrt XY besonders aufpassen", oder alle anderen Impulse die sie erhalten.

e) Sie haben eine innere Skepsis oder Unsicherheit zur Person oder Persönlichkeit eines Fahrzeugführers (zum Beispiel Taxi- oder Busfahrer) dann stellen Sie vor das rechte Auge der betroffenen Person die Zahlenreihe 991 und konzentrieren sich auf das Ziel „Harmonisierung".

f) Zur harmonischen Beeinflussung der richtigen Flug- oder Fahrtroute und zur optimalen Erreichung des angesteuerten Zieles. Konzentrieren Sie sich auf die Zahlenreihe 198 37 198 und das Ziel „Harmonisierung" in dem oben beschriebenen Zusammenhang in puncto Route und Zielpunkt.

STEUERUNG DER VERKEHRSSICHERHEIT

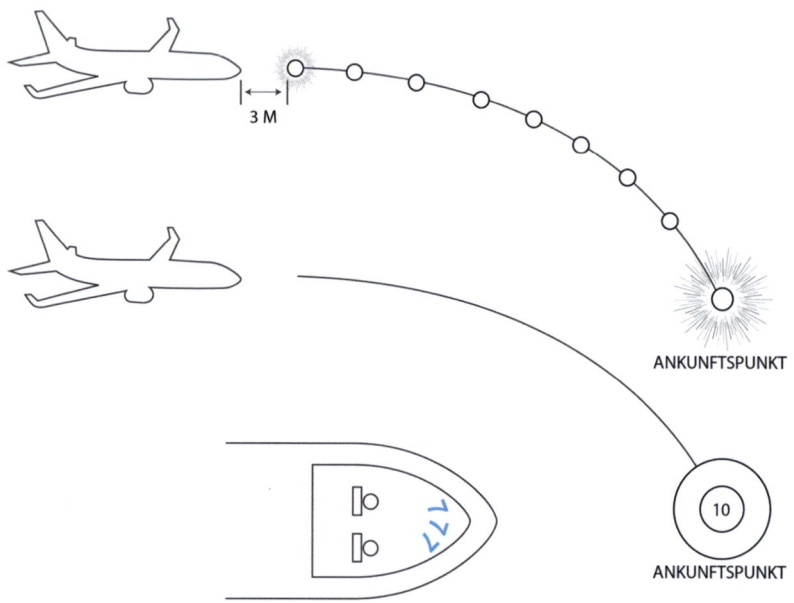

ANKUNFTSPUNKT

ANKUNFTSPUNKT

17) Steuerung von aggressiven Situationen mit Zahlenreihen

Diese Steuerungsvariante eignet sich zum Beispiel zur Harmonisierung akuter oder bevorstehender aggressiver Situationen wie Streit, Schlägerei, Terrorist/en (Intention) und Kriminalität jeder Art.

Wir nehmen die Zahlenreihe 14789 und stellen ihre einzelnen Ziffern (1-4-7-8-9) auf verschiedene Punkte der Kontur eines Menschen der die aggressiven Attribute in sich trägt. Das geschieht nach folgendem Muster: Die 1 stellen wir an die rechte Schulter, die 4 an die linke Schulter, die 7 an die linke Taille, die 8 an das linke Kniegelenk und die 9 an die linke Fußsohle. Gleichzeitig senden wir der betroffenen Person (Aggressor) Impulse der glücklichsten Momente ihrer Kindheit, glücklich erlebter Momente, Geborgenheit und erlebter Lebensfreude. Damit harmonisieren wir gleichfalls Gegenwart und Zukunft dieser Person und harmonisieren ihre aggressive Energie zu ihrem eigenen und zum allgemeinen Vorteil.

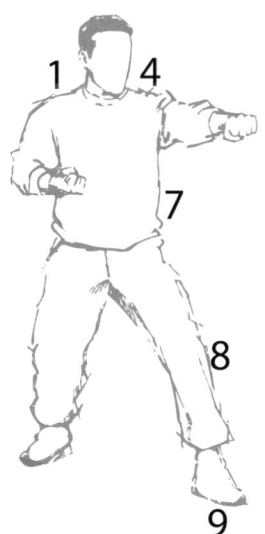

18) Steuerung sportlicher Leistungen mit Hilfe von Zahlen

„Die Steuerung anhand der angegebenen Zahlenreihen kann sowohl von den Sportlern selbst als auch von den Trainern oder anderen Interessierten vorgenommen werden. Die Steuerung kann man vor dem Training - und zu beliebiger anderer Zeit anhand verschiedener Konzentrationen auf Zahlenreihen, durchführen - als eine gedankliche Wiederholung der Zahlen aus der Reihe. Die Analytik der Zahlenreihen und der Wechselwirkungen zwischen den Reihen kann man zur Steigerung der Effektivität der Steuerung im Sport anwenden.“

(Grigori Grabovoi, 20.10.1998)

In der Methodologie der Steuerung von Leistungen im Sport, zur Erhöhung der Leistungskennziffern sind folgende Zahlenreihen wirksam:

Zahlenreihen zur allgemeinen Steuerung im Sport

a) **21489419518** - Erhöhung der Leistungskennziffern anhand der Entwicklung des physischen Körpers. Die Konzentration auf diese Reihe sowie auch auf die aufeinander folgenden Zahlen aus dieser Reihe 489 fördert die generelle Weiterentwicklung der physischen Möglichkeiten.

b) **481988491091** – Erhöhung der Leistungskennziffern durch Entwicklung der geistigen Möglichkeiten.

c) **51394588814** – Generelle Erreichung von besonders hohen sportlichen Leistungen.

d) **4949819179** – Generelle Bildung von Widerstandsfähigkeit.

e) **91801841** – Generelle Kraftsteigerung.

f) **81421435617** – Verbesserung der Geschwindigkeitsdaten.

g) **88148194** – Realisierung einer ununterbrochenen Entwicklung.

h) **89189318** – Generell harmonische, sportliche Entwicklung.

Spezielle Zahlenreihen für alpinen Skisport

a) **218421921849** - Verbesserung der Technik und Taktik des alpinen Skisports.

b) **2194198174** - Beherrschung der Abfahrtstechnik.

c) **51247948914** - Beherrschung der Kurventechnik.

d) **81248** - Gezielte Bewegung des selbststeuernden Systems "Mensch-Ski", das sich auf schiefer Ebene mit abwechselndem Neigungswinkel befindet.

e) **219416718914** - Steuerung des systemrelevanten Faktors für die Bildung der Bewegungshandlungen des alpinen Sportlers bei der Abfahrt.

f) **219213419413** - Steuerung der Gravitationskomponente

g) **218213418914** – Steuerung der Bewegung des Systems "Mensch-Ski" auf der vorher markierten Skipiste mit dem Ziel der Minimierung des Zeitaufwandes unter konkreten Abfahrtsbedingungen.

h) **217214819418** - Steuerung der Richtung und der Krümmung der Bahn der Kurven.

i) **219216914817** - Steuerung der Wechselwirkung der Kräfte zwischen Ski und der Schneedecke auf dem Abhang.

j) **810812419413** - Optimierung der gedanklichen Zusammenstellung eines Planes seiner künftigen Handlungen (was bei Abfahrten mit großer Geschwindigkeit oder bei der Bewegung durch komplizierte alpine Pisten besonders notwendig ist) und Realisierung des Pla-

62

nes.

k) **2192142187148** - Steuerung taktischer Verfahren bei der Kombination der Gedankenpläne unter Berücksichtigung der Geschwindigkeit der Abfahrt, der Aufstellung der Tore, der Besonderheiten
des Reliefs, des Zustandes der Schneedecke auf der Piste, des Be-
nehmens der Wettbewerber und der eigenen Möglichkeiten des
Sportlers für deren nachfolgende Realisierung.

l) **8174122148179** - Lösung der taktischen Aufgaben zum Aufbau
und Umbau eigener Bewegungshandlungen, abhängig von den sich
verändernden Abfahrtsbedingungen (Steilheit des Hanges, Kurven-
radius, Geschwindigkeit des Einganges in die Kurve und des Aus-
ganges aus der Kurve, Umfahren der Markierungsstäbe auf der Piste, Schneezustand, Reliefunebenheiten usw.).

m) **829821918721** - Steuerung zur schnellen Informationsverarbeitung
als Grundlage dafür, einen adäquaten Beschluss für die Wahl einer richtigen Variante der Handlung zu fassen, unter den Bedingungen des Zeitmangels für die Überlegung.

n) **21921791481491** - Formierung der „Fertigkeit, im Voraus zu denken".

o) **22948218421** - Steuerung der „Technik des alpinen Skisports".

p) **219227218284** - Steuerung der wichtigsten biomechanischen Ge-
setzmäßigkeiten bei der Ski - Abfahrt des Menschen.

63

q)   **418412819212** - Verbesserung der Vergleichseffektivität der Abfahrtstechnik.

r)   **718** - Steuerung der inneren Kräfte als Folge der gezielten und abgestimmten Einwirkungen von Muskelschüben des menschlichen Körpers.

s)   **21217181** - Steuerung beliebiger Verfahren des alpinen Skisportlers (Start, Schwingen, Bremsen usw.).

t)   **81941221941389** - Steuerung solcher "beschleunigenden" Verfahren wie "in Schwung bringen in den Kurven", "Zusammenbiegen - Auseinanderbiegen", "Schlittschuh Drücken", „Beschleunigungen in allen Kurvenphasen", usw.

u)   **984251921** - Steuerung der Beschleunigung einzelner Elemente des Systems, z. B. der Ski und der unteren Beinteile.

v)   **217817912289** - Steuerung der Geschwindigkeit des gemeinsamen Zentrums der Massen des Systems "Skiläufer-Ski".

w)   **789214719819** - Steuerung der Qualität des Ski-Gleitens, die darin besteht, ein Minimum der Arbeit der Bremskräfte bei der Abfahrt zu gewährleisten.

x)   **214551398** - Erreichung der Höchstgeschwindigkeit der Bewegung.

64

y) **814217319989** - Verbesserung der Schnelligkeit, Kraft, Koordinierung der Bewegungen, der Widerstandskraft und der Flexibilität in den für den alpinen Skisport speziellen Varianten.

z) **29481917489** - Entwicklung der Fähigkeit des alpinen Skisportlers, sich die Piste zu merken.

aa) **884921979888** - genaue Formierung des Motivs, wenn das Ziel der Aktivität noch vor den Abfahrten geformt wird, und danach einzelne Handlungen anhand des Ziels als Kriterium geformt werden, die sich aus den Aktionen, den kleinsten psychologischen Elementen, zusammensetzen ("sinngemäße Projektierung").

19) Grigori Grabovoi: Drei Prinzipien einer neuen Medizin

Grigori Grabovoi hat in diesem Zusammenhang vor kurzem drei Prinzipien einer neuen Medizin beschrieben:

1) Die Entwicklung des Geistes muss bis zu einem Niveau gewährleistet werden, auf dem der Mensch auf geistiger Basis den physischen Körper des Menschen wiedererschaffen kann.

2) Eine „neue Medizin" muss die Schaffung spezieller Raum-/Zeit- Bereiche gewährleisten, in denen die Reproduktion von Materie verwirklicht werden kann.

3) Der physische, vom Geist reproduzierte Körper wird, im Zusammenwirken mit Seele und Geist, auch andere Körper reproduzieren und wiederherstellen können.

Dabei ist das Ganze ein hochkomplexer, wechselseitiger Prozess: In der Harmonisierung einer Situation liegt auch die Harmonisierung weiterer:

Wir haben es hier also durchaus mit der Vision des sich positiv entwickelnden, lernenden Menschen zu tun, der die allgemeine Rettung und harmonische Entwicklung (der inneren und äußeren Welt) – aus sich selbst heraus – im Sinne des Schöpfers, organisieren und bewältigen wird.

Unsere Hauptaufgabe ist, zu lernen so zu denken, wie der Schöpfer denkt! Für Gott bedeutet ein Gedanke, ein Wort, auch augenblickliche Handlung!

All das kann aber nur ansatzweise die Logik in Grabovois Lehre beschreiben, die sich übrigens ausdrücklich nicht nur auf Krankheiten bezieht sondern vielmehr eine proaktive Lehre für alle Bereiche des Lebens ist und dabei im Idealfall Krankheit vermeidet.

(Grigori Grabovoi, 2010)

Literaturverzeichnis

„Heilungsmethoden mit Hilfe des Bewusstseins"
ISBN: 978-3-9811098-3-2

„Einführung in die Methoden nach der Lehre von Grigori Grabovoi"
ISBN: 978-3-943110-06-7

„Die Auferweckung von Menschen und das Ewige Leben – von nun an
unsere Realität!"
ISBN: 978-3-943110-81-4

„Zahlenreihen zur psychologischen Normierung"
ISBN: 978-3-943110-87-6

TEIL 1 „Wiederherstellung der Materie des Menschen durch Konzentration auf Zahlen"
ISBN: 978-3-943110-52-4

TEIL 2 „Wiederherstellung der Materie des Menschen durch Konzentration auf Zahlen"
ISBN: 978-3-943110-69-2

„Zahlen für ein erfolgreiches Business"
ISBN: 978-3-943110-64-7

„Wiederherstellung des menschlichen Organismus durch Konzentra-

tion auf Zahlen"
ISBN: 978-3-943110-68-5

„Konzentrationsübungen für 31 Tage"
ISBN: 978-3-943110-32-6

„Freude der ewigen Entwicklung" (Vom Autor persönlich gehaltene Seminare)
ISBN: 978-3-943110-28-9

„Ausgewählte Vorlesungen"
ISBN: 978-3-943110-49-4

„Vereinheitlichtes System des Wissens"
ISBN: 978-3-942791-01-4

„Das System der Bildung von Grigori Grabovoi"
ISBN: 978-3-943110-41-8

„Angewandte Strukturen des Gebietes der schaffenden Information"
ISBN: 978-3-943110-26-5

NOTIZEN

NOTIZEN

Die Steuerung. Die Konzentration. Das Denken.

In dieser Lehre als Element der Steuerung tritt an erste Stelle die Aufgabe der Rettung Aller durch die Technologie der Nutzung verschiedener Elemente der Steuerung auf: die Seele, der Geist, das Bewusstsein, der physischen Körper und so weiter.

Diese Lehre begreifend, kann jeder Mensch der Herr seines Schicksals werden. Der angebotene Kurs des Seminars schließt verschiedene Methoden der Steuerung der Ereignisse, des eigenen Lebens (Innere und Äußere Ereignisse) ein, wohin auch die Wiederherstellung der Gesundheit eingeht, zulassend, das eigene Bewusstsein auszudehnen und zu lernen, die uns umgebende Realität zu steuern.

Wir möchten klarstellen, dass die Methoden der Konzentrationen des Bewusstseins eben als Methoden der Konzentrationen gibt, und nicht der Meditationen. Der Unterschied besteht im Folgenden: bei bestimmten Meditation ist es erforderlich, den Prozess des Denkens abzuschalten und, zu versuchen sich im umgebenden Raum aufzulösen und mit ihm zu verschmelzen, und die Konzentrationen nach unseren Methoden vermuten gerade das Vorhandensein während der Konzentrationen des Prozesses des Denkens, aber nur des richtigen Denkens und durch das Denken, durch die Konzentration auf der Aufgabe, an der Sie arbeiten, wird eben das Ziel der Steuerung erreicht. Die Einstellung während der Arbeitszeit an seinen Aufgaben auf das allgemeine Wohl beschleunigt den Prozess der Errungenschaft des Ergebnisses. Das richtige Denken bedeutet in jeder unserer Handlungen, in jeder Situation die grenzenlose Liebe Gottes zu uns zu sehen. Erinnern Sie sich! Alles was gemacht wird, geschieht zum Besten. Wenn wir beginnen werden, zu verstehen, dass alle Ereignisse im Leben zu einem bestimmten Ziel geschehen, wobei im globalen Maßstab gibt es nur ein einziges Ziel — unsere ewige Entwicklung, so werden wir verstehen, dass alles und immer zu unserem Besten geschieht, da in jeder unserer Handlung die Handlung des Schöpfers anwesend ist. Und die Handlung Gottes ist Seine Liebe, die persönlich zu jedem und zu Allen zusammen gerichtet ist. Die Anwesenheit der Liebe Gottes in jedem Ereignis lässt maximal zu, die möglichen negativen Folgen unsere nicht schöpferischen Handlungen (negative Gedanken, Wörter, Gefühle, Emotionen) zu minimieren. Eben so kann man die Empfehlung entziffern: Danken Sie Gott für alles Gute und Schlechte. In schwersten Minuten unseres Lebens trägt Er uns auf seinen Händen. Wenn man das Niveau der Entwicklung unseres Bewusstseins berücksichtigt, so sind alle ungünstigen Ereignisse, einschließlich die Krankheiten- Lehren, die wir mit Ihnen für die Strukturierung unseres Bewusstseins und der erfolgreichen Realisierung der Aufgabe Gottes — der ewigen harmonischen Entwicklung des Menschen und der ganzen ihn umgebenden Realität durchgehen müssen.

Vorträge:

Die Ausbildung auf den Seminaren und Vorlesungen erfolgt nicht nur verbal über Worte und deren Inhalt, sondern auch auf der Ebene der Seele. Das, was der Mensch auf der Ebene des Bewusstseins nicht versteht, versteht er auf der Ebene der Seele. Die Seele nimmt das Wissen wahr und zeigt es später als Ergebnis auf der physischen Ebene. Das heißt, dem Menschen braucht man bei dieser Methodik nur zu erklären, wie etwas geschieht und auf der Ebene der geistigen Strukturen wird es zum inneren Wissen.

Das Licht des Wissens nimmt jeder Mensch wahr, unabhängig von seinem Bewusstsein. Mit diesem Wissen und den Methoden zur Anwendung kann jeder Mensch sich selbst und Anderen helfen Gesundheit wiederzuerlangen und Ereignisse zu harmonisieren.

Seit 2000 arbeiten wir praktisch mit dieser Lehre, entwickeln sie und uns weiter und vermitteln ständig alle Erkenntnisse an interessierte Menschen. Alle Methoden und Techniken sind durch persönliche Erfahrungen geprüft und bestätigt. Wir stehen auch in Verbindung mit den Instituten in Russland, um neue Erkenntnisse in unsere Arbeit zu integrieren.